朝日新書
Asahi Shinsho 963

賃金とは何か

職務給の蹉跌と所属給の呪縛

濱口桂一郎

朝日新聞出版

はじめに

ここ数年来、賃金が国政の重要課題として議論されることが多くなりました。安倍晋三元首相の時代にも、経済の好循環という旗印の下で賃金の引上げが慫慂《しょうよう》されたり、同一労働同一賃金という看板を掲げて非正規労働者の処遇改善が目指されたりしていました。現在の岸田文雄首相が就任してからは、新しい資本主義というスローガンの下、三位一体の労働市場改革の柱として、職務給の導入という政策が打ち出されるに至っています。

まず二〇二二年九月二二日、岸田首相はニューヨーク証券取引所でのスピーチで、「メンバーシップに基づく年功的な職能給の仕組みを、個々の企業の実情に応じて、ジョブ型の職務給中心の日本に合ったシステムに見直す」、「これにより労働移動を円滑化し、高い賃金を払えば、高いスキルの人材が集まり、その結果、労働生産性が上がり、更に高い賃金を払うことができるというサイクルを生み出していく」と述べました。

翌二〇二三年一月二三日、岸田首相は第二一一回国会の施政方針演説で「従来の年功賃金から、職務に応じてスキルが適正に評価され、賃上げに反映される日本型の職務給へ移行することは、企業の成長のためにも急務です。本年六月までに、日本企業に合った職務給の導入方法を類型化し、モデルをお示しします」と述べました。職務給、つまりジョブに基づく賃金制度の導入に大変前のめりになっていることが窺われます。

単に口先で言っているだけではありません。ここ十数年にわたって、日本政府の経済社会政策は毎年の成長戦略に描かれるようになっています。二〇二三年六月一六日に閣議決定された『新しい資本主義のグランドデザイン及び実行計画 二〇二三改訂版』では、「この問題の背景には、年功賃金制等の戦後に形成された雇用システムがある。職務（ジョブ）やこれに要求されるスキルの基準も不明瞭なため、評価・賃金の客観性と透明性が十分確保されておらず、個人がどう頑張ったら報われるかが分かりにくいため、エンゲージメントが低いことに加え、転職しにくく、転職したとしても給料アップにつながりにくかった。また、やる気があっても、スキルアップや学ぶ機会へのアクセスの公平性が十分確保されていない」と日本型雇用システムを批判し、具体的には「職務給の個々の企業の実態に合った導入」等による「構造的賃上げを通じ、同じ職務であるにもかかわらず、日本企業と外国企業の間に存在する賃金格差を、国ごとの経済事情の差を勘案しつつ、縮小することを目指す」と打ち上げているのです。

こうした職務給への強い指向は、同じ宏池会出身の大先輩である池田勇人元首相とよく似ています。いや、池田首相の発言や池田政権時代の政策文書の記述を読み返すと、六〇年を隔てて両者の政策はそっくりだとすら感じます。昨年の岸田首相の施政方針演説のちょうど六〇年前の一九六三年一月二三日、池田首相は第四三回国会の施政方針演説で「従来の年功序列賃金にとらわれることなく、勤労者の職務、能力に応ずる賃金制度の活用をはかるとともに、技能訓練施設を整備し、労働の流動性を高めることが雇用問題の最大の課題であります」と語っていたのです。

当時の日本では数年おきに策定される経済計画が経済社会政策のマニフェストとして重要な意味を持っていました。池田首相の下で一九六〇年一二月二七日に閣議決定された『国民所得倍増計画』は、「年功序列制度がややもすると若くして能力のある者の不満意識を生むとともに、大過なく企業に勤めれば俸給も上昇していくことから創意に欠ける労働力を生み出す面があるが、技術革新時代の経済発展を担う基幹的労働力として総合的判断力に富む労働力が要求されるようになるからである。企業のこのような労務管理体制の近代化は、学校教育や職業訓練の充実による高質労働力の供給を十分活用しうる条件となろう。労務管理体制の変化は、賃金、雇用の企業別封鎖性をこえて、同一労働同一賃金原則の浸透、労働移動の円滑化をもたらし、労働組合の組織も産業別あるいは地域別のものとなる一つの条件が生れてくるであろう」と、今書かれても何の違和感もないような言葉遣いで、明確にジョブ型雇用社会への移行を唱道していました。

また施政方針演説の直前の一九六三年一月一四日に経済審議会が提出した『人的能力政策に関する答申』は、「経営秩序近代化の第一歩は、従来なかば無規定的であった労働給付の内容を職務ごとに確定すること、すなわち職務要件の明確化にはじまる」と述べた上で、「今後の賃金制度の方向としては、公平な職務要件にもとず《ママ》く人事制度を前提とする職務給が考えられる。すなわち職務給のもとで職務評価によって公平に職務間の賃率の差を定めることができるとともに、個個の職務においては同一労働同一賃金の原則が貫かれる」と、職務給こそがあるべき賃金制度であることを高らかに宣言していたのです。

六〇年前に池田首相によってこれだけ熱心に職務給の導入が説かれていたにもかかわらず、六〇年後にその大後輩の岸田首相によって全く同じことが説かれなければならないのはなぜか、といえば、それが全く実現しなかったからです。一九六〇年代には経済界も政府と同様、あるいはそれ以上に熱心に職務給導入の旗を振っていたのですが、一九七〇年代以降は職能資格制度に基づく職能給を進めるようになってしまい、職務給は誰からも見捨てられた存在になってしまいました。図書館の賃金の棚を見渡すと、一九五〇年代から六〇年代には職務給に関する本が汗牛充棟《かんぎゅうじゅうとう》であるのに、一九七〇年代以降はパタリと消えてしまい、二一世紀になってからようやくポツポツと現れてくることがわかります。雑誌論文を検索してみても、大体似たような状況です。日本ではほぼ半世紀近くにわたって、職務給という言葉は歴史研究の素材として以外ではほとんど使われない半分死語のような状態でした。人事労務コンサルタントが企業に導入を勧めるような生きた概念とは思われていなかったのです。

六〇年というのはほぼ二世代分に相当します。池田首相の職務給導入論を若年期にリアルタイムで聴いていた世代は、今ではすべて超高齢世代です。言い換えれば、岸田首相の職務給導入論をリアルタイムで聴いている現役世代にとって、かつて政府や経済界が職務給導入論を掲げていた時代というのは、お爺さんの思い出話のような歴史の彼方の時代になってしまっています。そのため、かつて職務給をめぐって政労使が侃々諤々《かんかんがくがく》論じ合った経験が全く伝わっておらず、なにやら新しげな商品を売りつけようという人事労務コンサルタントの商売ネタとして消費されるだけという状態が続いているのです。

本書は、岸田首相が唱道してやまない職務給というものが、近代日本の労働をめぐる歴史の中でどのように繰り返し登場し、持て囃《はや》されては消えていったのかという推移を描いていきます。そうした歴史的パースペクティブを持って初めて、賛成するにせよ、反対するにせよ、ジョブ型賃金たる職務給とその対極に位置するメンバーシップ型賃金たる所属給についてきちんと地に足のついた議論を展開することができるはずです。

本書は冒頭の序章でまず、賃金制度論の前提となる雇用システム論の基礎の基礎を簡単におさらいします。今までの拙著で再三述べてきたことの繰り返しではありますが、本書のトピックに合わせて賃金の在り方に焦点を当てて論じていきます。

第Ⅰ部は「賃金の決め方」と題して、明治時代から今日に至るまでの約一五〇年間の賃金制度の推移を概観していきます。一般向けの新書版であることを考慮し、戦前の文書などもわかりやすく口語化しながら、職務給の栄枯盛衰の歴史が理解できるように述べていきたいと思います。

第Ⅱ部は「賃金の上げ方」と題して、賃金水準をめぐる労使交渉の歴史を概観していきます。ベースアップとか定期昇給といわれるものがそもそも一体いかなるものであるのか、二一世紀になってから実質的な賃上げがほとんどない状態で推移してきたため、これも多くの人の常識から失われてしまった領域です。

第Ⅲ部は「賃金の支え方」と題して、最低賃金制をめぐる有為転変の歴史を中心に、類似の制度についても概観していきます。

最後の終章では、近年「なぜ日本の賃金は上がらないのか」として論じられている問題について、「上げなくても上がるから上げないので上がらない」という禅問答めいた答えを示しつつ、そこからの脱却の道を探ります。

このように、本書はちっぽけな新書版ではありますが、今日大きな政策課題となりつつある賃金の問題について、きちんと歴史的な視野に立って議論できるための基礎知識を詰め込んだ本になっているはずです。

※引用文中の太字強調や傍点は、とくに断りのない限り、
すべて引用者によるものです。
※引用文中の「…」は、中略を意味します。
※引用文中の一部に差別的な表現がありますが、当時の
時代状況を鑑みて原文ママとしました。

賃金とは何か　職務給の蹉跌と所属給の呪縛

目次

図表作成　朝日新聞メディアプロダクション

序　章　雇用システム論の基礎の基礎

本章では、賃金論を考える上で必要な雇用システム論の基礎の基礎を、ごく簡単に解説します。前著『ジョブ型雇用社会とは何か』（岩波新書）等でも繰り返し書いてきたことなので、「もうそんなことはわかっている」と言いたくなる方も多いと思いますが、本書では後続の諸章への導きの糸として、雇用契約、賃金制度、労使関係の在り方に焦点を当てて論じておきます。

1　雇用契約のジョブ型、メンバーシップ型

日本以外の社会では、労働者が遂行すべき職務（job）が雇用契約に明確に規定されます。ところが、日本では、雇用契約に職務は明記されません。明記されるか、されないかというよりも、そもそも雇用契約上、職務が特定されていないのが普通です。どんな仕事をするか、職務に就くかというのは、使用者の命令によって定まります。いわば、日本の雇用契約は、その

都度遂行すべき特定の職務が書き込まれる空白の石板なのです。ここから、日本における雇用の本質は職務（job）ではなく、所属（membership）にあると規定することができます。ジョブ型、メンバーシップ型という言葉の由来はここにあります。

ジョブ型社会では、企業がある仕事を遂行する労働者を必要とするときに、その都度採用するのが原則です。つまり募集とは基本的にすべて欠員募集であり、応募とはすべて具体的なポストに対する応募です。従って、その採用権限は、当然のことながら労働者を必要とする各職場の管理者にあります。人事部に採用権限などありません。

これに対してメンバーシップ型社会においては、読者の多くが経験しているように、学校から学生や生徒が卒業する年度の変わり目に、一斉に労働者として採用します。いわゆる新規学卒者一括採用（新卒採用）が日本の特徴です。そしてその採用権限は、ある仕事をする労働者を必要とする現場の管理者ではなく、本社の人事部局にあります。なぜかといえば、それは個々の職務の遂行ではなく、長期的なメンバーシップを付与するか否かの判断だからです。

ジョブ型社会では、そもそも契約に定めた以外の職務に配置転換する権限など使用者にはなく、日本に見られるような定期人事異動はありません。では、ほかのジョブに変わることはないのかといえば、企業内外の空きポストに応募して、転職していくことはあります。この転職という概念もジョブ単位で見ますから、同じ会社の中の空いたジョブの募集に応募して、そのポストに就くのも転職だし、ほかの会社の空いたポストに応募して、そのポストに就くのも転職です。

これに対してメンバーシップ型社会では、二〜三年おきに定期的に職務を替わっていくのが大原則です。これが定期人事異動です。これによって、日本においては特定の職務の専門家になるのではなく、企業内の様々な職務を経験して熟達していきます。何に熟達するかというと、我が社に熟達し、いわば我が社の専門家になるわけです。

ジョブ型社会では、まず職務記述書（job description）があり、それをちゃんと遂行できるはずの人を採用します。その仕事ができる人かどうかを判断する基準として、その仕事に係る資格のある人、あるいは経験者を採用し、配置するのが原則です。ということは、労働者は基本的に（学校も含めて）企業外でそのジョブに向けたスキルを身につけるための教育訓練を受けていなければなりません。応募の際には、自分はこの教育訓練を受けて、このスキルを身につけていますと訴えることで、採用されることになります。卒業証書というのは、その学校で身につけた特定のジョブの特定のスキルを証明する書類なのです。

メンバーシップ型社会では全く逆です。採用であろうが、異動であろうが、最初はとにかく全く未経験者をそのポストに就けることになります。ですから、最初は必ず素人です。その素人を上司や先輩が鍛えるのです。どのように鍛えるのかといえば、実際に作業をさせながら技能を習得させていきます。それゆえ、OJT(On the Job Training)が日本の教育訓練の中心になるのです。

2　賃金制度のジョブ型、メンバーシップ型

ジョブ型社会の賃金制度は、職務に基づく賃金制度です。あらかじめ椅子に値札が貼ってあって、その既に値段の決まっているポストにヒトが採用されて座るのです。その値段を決めるのは職務評価(job evaluation)という仕組みによります。つまり、ジョブ型社会の賃金は職務に基づく固定価格制です。もっとも管理職や専門職では当該職務遂行の成績評価による変動価格制もあります。これらを日本では「職務給」と呼びますが、これに相当する外国語はありません。職務に基づかない賃金など考えられないからです。

これに対してメンバーシップ型社会においては、契約で職務が特定されていませんから、職務に基づいて賃金を決めることは困難です。無理に職務で賃金を決めてしまうと、高賃金の職種から低賃金の職種への異動が困難になります。そこでメンバーシップ型の下では、職務と切り離したヒト基準で賃金を決めざるを得ません。とはいえ、社長がじっと睨んで、「お前はいくらだ」というような恣意的《しいてき》なことをやるわけにはいきません(実際には中小零細企業では結構

見られますが）。労働者が納得するような何らかの客観的な基準が必要になります。客観的な基準は何かというと、勤続年数や年齢といった労働者の属性です。これを年功賃金制と呼びます。そのための仕組みが毎年労働者の賃金が少しずつ上がっていく定期昇給制です。ここに着目して日本の賃金を職務給に対する属人給と呼ぶことが普通です。

もっとも、年功賃金制といっても、現在の日本では決して勤続や年齢で一律に昇給するわけではありません。むしろ毎年の定期昇給の際に労働者一人ひとりを査定して、昇給幅が人によってばらついていきます。ここは非常に多くの人が誤解している点ですが、賃金分布が個別評価によって分散するという点こそが、現代日本の賃金制度の最大の特徴なのです。

意外に思うかもしれませんが、ジョブ型社会では、一部のエリート層の労働者を除けば、一般労働者には人事査定はありません。人事査定がなくてどうやって管理しているのかといえば、査定は仕事に就く前の段階でやっているのです。まず職務記述書があり、そこに書かれている職務をちゃんとやれるかどうかということを判定して職務に就けます。そこで技能水準を判定しているのです。その職務に定価がついているので、それで賃金が決まります。逆にいうと、職務に就けた後は、よほどのことがない限りいちいち査定しないのがジョブ型社会です。ここは多くの日本人が全く正反対に勘違いしているところです。

これに対してメンバーシップ型社会は、ジョブ型とは違って、末端労働者に至るまで人事査定があります。ジョブ型社会でも上澄み層には査定がありますが、その査定、評価は当然のことながら業績査定です。成果の評価です。ところが、日本では末端労働者まで査定するわけですから、業績評価が簡単にできるわけはありません。しかも、素人を上司や先輩が鍛えながらやっているのを評価するわけですから、個人レベルの業績評価などナンセンスです。そういう末端のヒラ社員まで全員、評価するというメンバーシップ型社会における評価のシステムは、業績評価よりも、むしろ中心となるのは「能力」評価と情意評価です。

この「能力」評価の「能力」にかぎ括弧をつけているのは、日本における能力という言葉を外国にそのまま持っていくと全く意味が通じないからです。能力という言葉は、日本以外では、特定職務の顕在能力以外意味しません。具体的なある職務を遂行する能力のことを意味します。ところが、日本では、職務遂行能力という非常に紛らわしい、そのまま訳すと、あたかも特定のジョブを遂行する能力であるかのように見える言葉が、全くそういう意味ではなくて、潜在能力を意味する言葉になっています。それは仕方がありません。末端のヒラ社員まで評価する以上、潜在能力で評価するしかないのです。

では、外に現れたものとしては何を評価するかというと、人事労務でいう情意考課です。情意というのは、一言でいうとやる気です。やる気というのは、企業メンバーとしての忠誠心を評価しているわけですが、やる気を何で見るかといえば、一番わかりやすいのは長時間労働です。「濱口はどうも能力は高くないけど、夜中まで残って一生懸命頑張っているから、やる気だけはあるんだな」という評価をするわけです。

3　労使関係のジョブ型、メンバーシップ型

ジョブ型社会における労働組合とは、基本的に同一職業、あるいは同一産業の労働者の利益代表組織です。従って、同一職業の労働者の利益を代表するものとして、この仕事はいくらということを決めます。それもできるだけ高く決めようとします。それが労働組合の任務です。これに対して、メンバーシップ型社会においては、労働組合は同一企業に属するメンバー（社員）の利益代表組織です。社員の社員による社員のための組織です。ですから、やることが全く違います。

ジョブ型社会、とりわけヨーロッパ諸国においては、労働組合は産業レベルで団体交渉を行い、労働協約を締結します。産業レベル、たとえばドイツでいうと金属労組と金属産業の使用者団体との間で、鉄鋼であれ、電機であれ、自動車であれ、金属労働者を一貫して、この仕事はいくら、この技能レベルの仕事はいくらという値付けをするのが労働組合の任務です。つまり、ジョブ型社会における団体交渉、労働協約とは、企業を超えた職種や技能水準ごとの労働

力価格の設定です。これを何年かに一回、大々的に行うのです。ジョブについた値札を一斉に書き換える運動が、ジョブ型社会の団体交渉だと考えればいいでしょう。

それに対してメンバーシップ型社会においては、企業別に組織された労働組合という名の組織が、団体交渉を行い、労働協約を締結しますが、それはいかなる意味でも職種や技能水準の値付けではありません。単純に、欧米は産業別組合だが日本は企業別組合であり、そこだけが違うのだと考えていると間違います。欧州では産業別組合が産業別交渉で職種や技能の値付けをしていますが、日本では企業別組合が企業内交渉で職種や技能の値付けをしている、というわけではありません。では、ヒトの値付けをしているのか、というと、そうでもないのです。少なくとも、社員一人ひとりの賃金額がいくらになるかというようなことを、日本の団体交渉で決めているわけではありません。

先に述べたように、メンバーシップ型社会ではそもそも賃金が職務では決まりません。そういう社会において、団体交渉や労働協約は一体何を決めているのかというと、これは読者の皆さんがよくご存じの通り、企業別に総額人件費の増分（社員の分け前）を交渉しているのです。ベースアップ（略して「ベア」）という、英語とは似ても似つかぬ、訳のわからないカタカナ言葉がありますが、これは一体何かというと、企業別に総額人件費をどれだけ増やすかを決めているわけです。なぜかというと、メンバーシップ型社会の労働者にとっての最大の利益がそこにあるからです。どちらも、組合員にとっての最大の利益になることを一生懸命やるのが労働組合ですが、その最大の利益の存在する場所が全然違うということです。この意味で、メンバーシップ型社会の賃金は属人給であるとともに、企業に所属していることに基づく所属給と呼ぶこともできるでしょう。

以上は基礎の基礎ですが、世間で賃上げというときに、ベースアップと定期昇給を一緒にして何%ということがあります。いやむしろ、労働組合も経営団体も政府も、賃上げ率をいうときには定昇込み何%というのが普通です。しかし、ベースアップは、理屈や仕組みは全然異なるけれども、欧米におけるジョブの価格設定と同じように、労使間で交渉して決めるものです。交渉がうまくいかなければストライキに訴えることもあり得ます(少なくともかつてはありました)。これに対して定期昇給というのは、そもそもメンバーシップ型社会における賃金設定の根幹をなす制度です。団体交渉をしなくても毎年定期昇給で少しずつ賃金は上がっていくのですが、それを超えて賃金を引上げるのがベースアップです。しかし、一人ひとりの賃上げ額まで決めるわけではなく、企業全体で総額人件費をいくら上げるというマクロの数字を、労働者の頭数で割った一人当たりいくらというのはあくまで抽象的な数字に過ぎません。

このベースアップと定期昇給の複雑な関係については、本書第Ⅱ部で歴史的経緯を詳しく見ていきますが、とりあえずここでは以上のことだけを頭に入れておいてください。

第I部　賃金の決め方

日本の賃金制度の歴史については、金子美雄を中心にした昭和同人会編『わが国賃金構造の史的考察』（至誠堂、一九六〇年）や孫田良平編著『年功賃金の歩みと未来——賃金体系一〇〇年史』（産業労働調査所、一九七〇年）といった名著が明治期から戦後高度成長期までの推移を詳しく論じており、今日でもこれを超える業績は見当たりません。彼らの歴史観は、戦時統制経済が日本型雇用システムの形成に決定的な影響を与えたというもので、基本的には私も同じ考え方に立っています。以下の叙述においても、戦時賃金統制が大きな画期であるという枠組みで論じています。

第1章　戦前期の賃金制度

1　明治時代の賃金制度

明治時代に日本で工業化が軌道に乗り出した頃、日本の労働市場の特徴はその高い異動率でした。当時は熟練労働者になるためには一つの工場に居着いていてはダメで、腕のいい労働者ほど工場から工場へ渡り鳥のように移っていったのです。彼らは渡り職工と呼ばれていました。当時、労働問題を担当していた農商務省が『職工事情』という報告をまとめていますが、その中で日本の職工の異動率はアメリカやヨーロッパよりも高いと指摘し、ちょっとでも賃金が高ければすぐに新たな工場に移り、一生勤めようなんて全然考えないと嘆いています。大体、一年間の平均異動率が一〇〇％ですから、平均勤続年数は一年ほどだったということになります。入職して五年後にまだ勤続している者は一割に過ぎませんでした。日本型雇用システムの特徴といわれる終身雇用制などどこを探しても出てきません。

こういう流動的な労働市場では、勤続年数に応じた年功賃金制などというのは実施不可能です。賃金は基本的には職種ごとに市場メカニズムで決定されていました。もっとも、実際の職工一人ひとりの賃金は工場主による技能評価によって、より正確に言うと工場内の労務管理を請け負っていた親方職工による技能評価によって決定されていたのです。渡り職工と呼ばれるほどの頻繁な労働異動は、新たな技能を身につけて賃金水準を少しでも上げるためのものでした。言い換えれば、いつまでも一つの工場にとどまっていたのでは、高い技能を身につけることができず、低い賃金に甘んじなければならなかったのです。また、評価が親方職工の裁量に委ねられていたため、親方に贈り物をしていい評価をつけて貰おうという職工もいましたが、それに不満を抱いてよその工場に飛び出すという行動も誘発しました。これもまた流動性を高める要因でした。

ところが日露戦争（一九〇四－一九〇五年）後に日本の工業化は重工業段階に入り、それとともに雇用管理の仕組みが大きく変わります。それまでは、親方職工が仕事をまとめて請け負い、部下の一般職工に作業を割り振ってやらせるという間接管理の仕組みでした。ところが、この頃から工場の監督者による直接管理が導入されていきます。その結果、労働者の不満が高まり、戦後の不況で解雇や賃金引下げが行われたことを契機にどっと噴出し、労働争議が頻発しました。

また生産技術が高度化するのに対応して、大工場では熟練職工の養成に取り組み始めました。初めは優秀な職工を選抜して公立の職工学校に送り込み、訓練を受けさせたのですが、工場主に費用を出して貰って訓練を受けた職工学校の卒業生たちも、その工場にとどまろうとせず、渡り職工として異動していきました。そこで、大工場は、今度は自ら養成施設を持ち、そこで全額工場負担で職工を一から養成するというやり方を始めました。ちょうどこの頃（一九〇八年）、義務教育期間がそれまでの四年間から六年間に延長され、義務教育の普及率も高まってきて、それまでの無教育な職人風から、小学校卒業程度の教育のある書生風の職工が増えてきたといわれています。そういう若い卒業したばかりの職工に対して、企業に忠実な労働者を養成する目的で、衣食住すべて企業が負担する形で、技能教育を施していったのです。

こうして、生活の面倒を見て貰いつつ、手当を支給されながら工場内の養成施設で訓練を受けた若い職工たちは、かつての先輩とは異なり、自分を育ててくれた企業に忠誠心を持ち、長くその工場に勤続する傾向が出てきました。といっても、異動率が一〇〇%から六〇〜七〇%に低下したという程度ですが。こうして新たに登場してきた職工たちを、「子飼い」つまり子どものときから育てた労働者という風に呼びます。

そこまでコストをかけて養成した職工に、ほかの工場に異動されたのでは堪りません。そこで、このように子飼いで養成された職工に対して、ほかの工場から異動してきた職工よりも賃金や労働条件を高く設定して、彼らの異動を防止しようという施策がとられます。また、子飼いの職工に対して、勤続すれば職長クラスに昇進させるというご褒美も用意されました。この時期それまでの親方職工を通じた間接管理体制が改められ、工場の監督者による直接管理体制に移行していきますが、子飼いの職工は、かつての親方職工の抜けた穴を将来的に埋めることが期待されたわけです。

この時期の賃金制度はいまだ年功賃金制とはいえませんし、この時期の昇進制度もいまだ年功序列制とはいえません。しかし、それに向けた第一歩が印されたことは間違いありません。

2 大正時代の賃金制度

その後第一次世界大戦による好景気で労働力不足になり、特に熟練労働者が引っ張りだこになり、せっかく高い金をかけて訓練した養成工たちも、高い賃金に引かれて異動するようになりました。異動率は再び一〇〇%を超えました。それとともに、物価が騰貴し、特に米の価格が急騰したため、労働運動が盛んになりました。あちこちの工場で大規模な労働争議が続発したのです。

第一次大戦が終わり、不況の中で解雇や賃金切下げが行われると、いよいよ労働争議は激烈になりました。争議を主導したのは、工場から工場へと移り歩く「渡り職工」たちでした。この事態に対して、企業側は渡り職工たちを思い切って切り捨て、自己負担で養成した子飼い職工たちを中心とする雇用システムを確立するという形で対応を試みました。さいわい戦後不況の中で、労働者を大量に募集する必要がなかったことから、こういう雇用方針がとれたのです。

こうしてこの時期に確立したのが「定期採用制」です。定期採用制とは、従業員を採用するに当たっては、学校卒業時又は兵役終了時といった一定の時期にのみ限定し、それ以外の時期にほかの企業に雇われていたような労働者を雇い入れることはしないという慣行です。ここに日本の特徴である長期雇用慣行が成立しました。多くの大企業が一斉にこういう雇用慣行を採用しましたから、一旦どこかの大企業を退職してしまった労働者は、ほかの大企業に採用される可能性はほとんどなくなってしまいます。渡り職工たちは大企業分野から閉め出されてしまい、そういう慣行をとらない中小企業で生きていくしかなくなってしまったのです。

また、企業負担で訓練を受けた養成工たちも、もはや高い賃金でほかの大工場に移っていくということは困難になりました。彼らの企業への忠誠心を確保するため、この時期に導入されたのが定期昇給制です。毎年定期的に昇給するという仕組みを設けることで、五年勤続すれば五年分昇給し、一〇年勤続すれば一〇年分昇給するということになります。ここで最も重要なのは、もし企業を異動してしまうと、ほかの企業で経験した勤続年数は評価されなくなってしまうということです。これは労働者の異動に対して強いディスインセンティブを与えることになりました。一九二〇年代半ば頃には、労働者の異動率はほぼ五〇％程度にまで下がっています。

定期昇給制の下では、使用者は毎年一回か二回、定期的に労働者の技能や業績を査定し、これに基づいて昇給を行います。この査定に当たって、使用者は、たとえ同じ技能水準であっても、企業内訓練施設で高いコストをかけて養成した子飼いの労働者のほうを、よその工場から異動してきた新参者よりも高く評価しました。そして、子飼い労働者を優先的に高い地位に昇進させました。子飼い労働者の異動防止のためのこういった措置が、この定期昇給制を事実上の年功賃金制、年功序列制の出発点としたのです。

また、この時期に企業の外部の労働組合の影響から労働者を遮断するために、企業内で労使の意思疎通を図り協議を行う機関として、工場委員会が多くの大企業に設けられました。これが、戦時中の産業報国会を経て戦後の企業別組合の原点になります。

このように、第一次大戦後の大正時代は、日本型雇用システムの三種の神器といわれる長期雇用慣行、年功賃金制、企業別組合の原型が、大企業分野に限られますが、成立した時期であり、日本型雇用システム第一次成立期と呼ぶことができます。

3　生活給思想の登場

しかしながら、大正時代に大企業分野で確立した年功賃金制というのは、あくまでも長期勤続を奨励するための査定つき定期昇給制に基づくものであって、労働者の生活保障という観点からのものではありませんでした。賃金は労働者の生活を保障すべきものであるという生活給思想は、この後で述べる昭和の戦時体制下で制度的に確立することになりますが、それが先駆的に打ち出されていたのがこの大正時代です。その中でもとりわけ有名なのが、呉海軍工廠の伍堂卓雄海軍中将が一九二二年二月に発表した『職工給与標準制定の要』という論文です。原文は文語体で読みにくいので、口語体に訳して引用しておきます。

もともと給与と生活費はそれぞれ階級に応じて各自の社会的自覚によって比較的平穏に経過してきたものだけれども、近年は資本家や生活資料供給者、家主等のように従来は相当公共心を維持してきた者が、次第に利己的傾向を明らかにするようになってきた上に、こうした生活上の大変動が一般的に労働者の社会的地位に対して自覚を促すようになってきた状況にあるにもかかわらず、現状においては彼らの生活を調整するための組織もなく、

このまま放置していたのでは、遂には思想の悪化をもたらし、社会的な混乱を生み出すおそれすらある。この際、社会問題に携わる者は、職工の給与に関して慎重な考慮を払い、合理的な制度の採用を促進することが喫緊の課題であると考える。

従来は給与の標準は主に労働の需給関係によって決まるものであって、生活費のようなものはほとんど顧みられることはなく、また生活は何とでも都合がつけられるものだという状況にあったけれども、最近生活費は急速に上昇してきているにもかかわらず給与はこれに伴って上がっておらず、次第に生活を切り詰めなければならない状態になりつつある。

彼らが生活費の最低限として当然要求しうるものは、一人前の職工としてその仕事に励む以上、自分自身の生活はもちろん、日本の社会制度として避けることができない家族の扶養に差し支えがない程度のものでなければならない。

工場で発揮する能力から考えると、各人の真の能力は千差万別であろうが、実際には工場の組織に指揮命令されて働くので、一定年数に達した者はほとんど同等の能力とみられる状態にある。すなわち、簡単な作業は一年の教育を受けて二〇歳以上であればほぼ同じ腕前になり、また三年の教育と三年の経験を必要とする作業についても二五歳以上になればほとんど技術に大差はなくなる。ただ将来役付職工として監督指導改良に携わる者だけは長年の経験を必要とする。したがって、新たに職工を募集するような場合にも、監督者のほかはその能力がほとんど同一なのであるから、家族の生活問題に関わりの少ない若者は比較的低い給料でも対応できるので、給料も生活費に比べて比較的高給を得られる状態となる。当工廠でも一七歳から二五歳までの者が余裕の多い状態となっているが、この時期に過大な給与を得るのは当人のためにも必ずしも幸福をもたらすものではない。若者の多くは映画館や酒色に浪費し、ひいては社会に害毒を流す結果となり、呉市のような労働都市では特にその弊害は明らかである。

従来の給与は主として需給関係により、その建前は能率主義で、ある年齢以上は年功で昇給させていたけれども、最近の生活費の急騰は著しく、一般に妥当と認められている家族の扶養に必要な生活費に到達することは到底望むことができない。それゆえ、**年齢とともに給料が増加するというやり方に改める以外にはないと考える。このやり方による場合は、昇給は本人の技能の上達や物価騰貴に全然関係のないものとなり、もっぱら生活費の増加に対応するものとなり、給料の高低にかかわらずある程度以上の高給者と未成年者を除いて、勤続者は常に一定の昇給率でもって昇給することになるであろう。**

彼の主張を一言でいうと、従来の賃金が労働力の需給関係によって決まり、生活費の要素が考慮されなかったことを、労働者の思想悪化（=共産主義化）の原因として批判し、年齢とともに賃金が上昇する仕組みが望ましいとしています。家族を扶養する必要のない若年期には、過度な高給を与えても酒色に浪費するだけで本人のためにもならないとし、逆に家族を扶養する壮年期以後には、家族を扶養するのに十分な額の賃金を払うようにすべきだというのです。

この論文が発表された当時の政治状況を見ますと、前年の一九二一年に、全国の工場で労働組合が続々と結成され、争議が熾烈を極めました。穏健だった友愛会は日本労働総同盟と改称し、階級闘争主義を掲げるようになりました。一九二二年には日本共産党が結成されています。海軍将校であった伍堂卓雄にとって、労働運動の共産主義化を防ぐために生活給を打ち出すことには大きな戦略的意義があったのでしょう。

同論文の結論は以下の通りです。

一　職工給与の標準は需給の関係にのみ委ねることなく合理的原則によって定めること
二　職工給与設定の基礎は生活必需品の種類数量によって定めること
三　職工の最低給与は彼らが年齢に応じた標準家族を扶養するのに必要な最低限であるべきである
四　前記標準の決定は別に適当な機関を設けて調査決定すること
五　昇給の意味は物価の騰貴率や本人の技能上昇ではなく、生活費の増加に対応したもの

であること

今からほぼ一世紀前のこの海軍将校の論文において、年齢と扶養家族数に基づく生活給思想が、労働力需給や技能水準による賃金決定よりも「合理的」な制度として明確に打ち出されたのです。これこそが、戦時賃金統制と戦後労働組合運動が確立してきた生活給の原点ということができます。ただし、この原点は、伍堂卓雄が呉海軍工廠長であった時代にはほとんど実現することはありませんでした。その社会一般への普及は戦時賃金統制をまたなければなりません。

もっとも、一九二九年八月二六日に横浜船渠（ドック）で決定された新賃金制度は、年齢給が日給の約六五％を占める極めて生活給的なものでした。これは、伍堂卓雄の生活給思想を現実化し、その後の賃金統制時代への道を開いたものとして注目に値します。常務、管理職、職員、職工からなる委員会で決定し会社に提出した決定書を、やはり現代語に訳して引用しておきましょう。

第一　平均日給を金二円二一銭とする。

（A）　日給と割増金の基本観念

日給は能力のある職工が同職間に共通の生活状態で一般に受け取るべき基本生活費の額を基準とする。…

（B）　扶養すべき同居家族数

日給の基礎となる基本生活費は、これにより生活する世帯人員数によって増減するのであるから、扶養すべき同居家族数をまず定めるべきである。…

（C）　採用すべき基本生活費の金額

…よって職工一人当たり一か月基本生活費を左のように定める。

食費	二六・七三円
住居費	一七・三六円
衣服費	一〇・七一円
清潔費	二・三二円
公課	〇・〇五円
教育費	〇・二九円
医療費	二・四〇円
計	五九・八六円

（E）　新平均日給額の決定

以上から新平均日給額は、五九・八六円÷二七・一日＝二・二〇九円となり、これを切り上げて二円二一銭とする。
第二　理想日給は年齢給、資格給、採点給より構成され、採点給はさらに作業給、技量給、勤振給よりなるものとする。
（A）　年齢給
日給の基本観念からして日給はその大部分を基本生活費によって定めるのが正当である。よって日給の半分以上約六五％を年齢給の範囲とする。生活費はその家族数に応じて増減するものであり、家族数は職工の年齢に応じて増減するものであるから、年齢給を妥当な生活費の基準とするのである。

新平均日給二円二一銭の約六五％を一円四〇銭として、一方で職工の平均年齢は三四歳で、その勤続年数平均は五年弱であるので、この条件に当たる者の年齢給と勤振給の和が一円四〇銭となるように、かつ二〇歳未満を最低とし五〇歳を最高としその間一歳増すごとに一銭増加するように配置した第三表（略）が比較的現状にふさわしいのでこれを年齢給として採用した。

ただし、これはあくまで「理想日給」であって、実際にこれが実施されたわけではありません。戦前期に実際の賃金制度として生活給が実現することはなかったのです。

4　職務給の提唱

このように、昭和初期は大正時代に提唱された生活給思想が戦時統制時代における開花に向けて徐々に広がりを見せつつあった時代ですが、それとは全く逆方向の賃金思想が提起された時代でもあります。実を言うと、戦後繰り返し政府や経済界から提唱され、今日も岸田首相がその実現を唱道している職務給というものが、日本で初めて政府の一機関から提唱されたのは、昭和初期の一九三二年だったのです。

浜口雄幸内閣時代の一九三〇年六月二日、商工省（現在の経済産業省）に臨時産業合理局が設置されました。当時の書記官には岸信介の名前もあります。同局にはいくつもの常設委員会と臨時委員会が設けられて産業合理化の方策について審議が行われました。そのうち生産管理委員会ではその審議項目の一つとして「賃金制度」も含まれていました。同委員会が一九三二年一月に発表した『賃金制度』は、当時の年功序列的な日給を徐々に職務給化していくべきこと、将来的には全面的に職務給体系に変えていくべきことを主張していました。これは口語体ですが現代文風に若干表記を変えています。

(三)　職務給確立の必要

常用給制度を主として採用していた頃の日給をそのまま現今の奨励給制度に用いるときには、以上述べたような様々な不合理があるから、年功給等を支給する必要がある場合は他の方法によって別途支給することとし、奨励給の基礎としては仕事の難易に比例する基本給を定めるべきである。…

近来欧米でも一職場単一の日給の代わりに、仕事の種類別にこれを数階級の給料に分類しているところが多い。一職場内、たとえば鍛冶職場内だけを考えても、仕事の種類により、技量を要する程度が違うから、これを数階級に分類して、各段階に特定の給料を定め、同一段階に属するものは同一給料となるのである。すなわちその給額は、仕事の種類に応じて定められるのであるから、これを職務給と称する。…

しかしこのように職務給の設定によって今直ちに欧米のように従来の日給を全廃するという意味ではなく、この職務給は奨励給の計算に用いることとし、従来の日給はしばらくそのまま存置することとし、常用給、退職手当、各種賞与等の計算の基礎としては従来通り使用しても差し支えないと思う。従って、日給は昇級その他の点では従来と何ら変化がないことになる。

しかしながら、現在の日給は将来長い年月の間には昇級の際等に次第に整理されて、大体技量に比例するようになるであろう。また新たに採用された者に対しては、当然考慮されるのであるから、長年の後にはついに欧米のように、この日給と職務給とが合致するようになるであろう。

(四) 職務給設定方法

一職場の作業を数段階に分類して、そのそれぞれに対して職務給を設定する場合、合理的に金額をどのように定めるべきかは非常に困難な問題で、仮に仕事の性質によって評価できたと仮定しても、労働者の現在の収入に大きな影響を及ぼすような変更をもたらすことは、事実上実行不可能であるから、とにかく、まず初めに一職場内のまちまちな日給を数段階に分類することとし、その金額は労働者の現在の奨励給制度による収入と大差ないものに定めることが先決問題であって、その各段階に対する職務給を、合理的評価に修正することなどは、相当の年月が経過した後に、もしその必要があれば実行すればよいと思われる。

将来のあるべき姿として職務給を強く打ち出している割に、当面の対応については極めて妥協的なスタンスですが、これは戦後何回も繰り返されてきたことであり、その第一号といえるかも知れません。この職務給提唱は全く現実化することもなく、提唱だけに終わりました。産業合理化政策自体、この後重要産業統制法の制定を経て、戦時統制経済に流れ込んでいくことになります。その中で、賃金制度に関する政策は職務給とは正反対の生活給の純粋化の方向に突き進んでいくことになるのです。

第2章　戦時期の賃金制度

1　賃金統制令

満州事変、日中戦争と戦時体制が進む中で、近衛文麿内閣時の一九三八年四月一日の国家総動員法によって、各分野ごとに勅令で統制法規が続々と制定されていきます。その中で、雇用・賃金政策分野は自由な労働移動を禁止し、解雇を制限し、企業内封じ込めによる終身雇用を強制するとともに、年功賃金制を国家が強制する方向に転換していきました。

まず一九三八年八月二四日の学校卒業者使用制限令は、新卒技術者の争奪戦を抑制するために、新卒者の割当制をとりました。一九三九年三月三一日の従業者雇入制限令や一九四〇年一一月九日の従業者移動防止令は、軍事産業の労働者が許可なく転職することを禁止しました。しかし、使用者や労働者はこれら法令をすりぬけて違法な採用や転職を繰り返したため、一九四一年一二月八日の労務調整令は、およそ重要な工場における政府の許可なき採用、解雇、退職をすべて禁止しました。こうして労働移動を厳しく制限する一方で、政府は企業内訓練システムを企業に強制する政策をとりました。一九三九年三月三一日の工場事業場技能者養成令は、指定を受けた男子労働者五〇人以上の工場事業場に対して、命令により技能者養成を義務づけたのです。

これら雇用統制と並行して進められた賃金統制について詳しく見ていきましょう。まず、一九三九年三月三一日に制定された第一次賃金統制令が、未経験労働者の初任給（日給）の最低額と最高額を公定し、雇入れ後三か月間はその範囲の賃金を支払う義務を課しました。また、その他の一般労働者の賃金額についても変更命令を行うことができることとされました。初任給は地域別年齢階級別に定められ、最高の東京と最低の沖縄を見ると表1のように定められていました。

なお、戦後賃金行政をリードした金子美雄は、第一次賃金統制令施行直後の一九三九年五月に、厚生省労働局賃金課に就職したのですが、「役人として賃金の専門家というのは一人もいなかった」、「まったく無からの手探りで仕事を始めた」と後に述懐しています（金子美雄「賃金問題の過去・現在および未来」金子美雄編『賃金』日本労働協会、一九七二年）。

続いて同年一〇月一八日の賃金臨時措置令により、雇用主は賃金を引き上げる目的で現在の基本給を変更することができないこととされ、ただ内規に基づいて昇給することだけが許され

表1　第一次賃金統制令による初任給の統制

年齢	東京		沖縄	
	標準（銭）	最高最低の幅（%）	標準（銭）	最高最低の幅（%）
12–13歳未満	55	18.0	30	13.5
13–14歳未満	60	18.8	33	14.1
14–15歳未満	65	19.6	36	14.7
15–16歳未満	74	18.9	40	15.3
16–17歳未満	83	19.2	45	15.9
17–18歳未満	93	20.4	50	16.5
18–19歳未満	102	20.5	57	17.1
19–20歳未満	112	21.4	65	17.7

ました。これはヨーロッパで世界大戦が始まったことを受けて、物価と賃金の高騰を抑制することを目的に制定されたもので、賃金ストップ令と呼ばれたものですが、初任給を低く設定し、その後も内規による定期昇給しか認めないということになれば、自ずから賃金制度は年功制にならざるを得ません。

これに加えて、その抜け穴として家族手当が認められ、これが膨れ上がっていくきっかけになったことも見逃せません。定期昇給以外の賃金引上げが禁じられた中で、主食等の生活必需品が高騰し、生活困難を来した労働者が少なくなかったことから、その生活の安定を図るため、一九四〇年二月二六日の閣議決定で実収月七〇円以下で一四歳未満の扶養家族ある労働者に対し一人平均二円を上限に臨時手当の支給を認め

表2　第二次賃金統制令による未経験労務者以外の男子労務者の最高初給賃金（銭）

金属工業機械器具工業、第1級地域のみ

年齢	1年未満	1-3年未満	3-5年未満	5-10年未満	10年以上
12-14歳未満	95	125	-	-	-
14-16歳未満	123	142	178	-	-
16-18歳未満	149	168	196	224	-
18-20歳未満	173	193	218	238	-
20-22歳未満	192	213	240	257	-
22-25歳未満	208	231	262	280	308
25-30歳未満	230	257	288	311	339

ることとし、その旨通達しました。

賃金臨時措置令は一年の時限立法でしたので、その内容を賃金統制令に合体して、一九四〇年一〇月一六日に第二次賃金統制令が制定されました。ここでは初任給だけでなく一般的に最低賃金を定めるとともに、未経験労務者についても初任給の最高額を定めました。表2を見ると、年齢と経験年数のマトリックスとなっており、ますます年功的性格が強められています。

さらに、一般の賃金水準の高騰を抑制するために労働者一人一時間当たりの平均時間割賃金を公定し、一定期間ごとの支払賃金の総額を制限するというやり方を導入しました。この平均時間割賃金は一九四一年九月一一日に中央賃金委員会の答申に基づいて公定されましたが、地域別、業種別、男女別、年齢階層別に規定され

表3　第二次賃金統制令による平均時間割賃金（銭）

第1級地域のみ

業種	男子			女子		
	～19歳	～29歳	30歳～	～19歳	～29歳	30歳～
1 金属精錬業	18.1	31.6	42.7	13.7	15.5	16.0
2 鋳物業	18.1	31.6	42.7	13.7	15.5	16.0
3 メッキ業	16.5	30.1	39.2	13.7	15.5	16.0
4 その他の金属工業	17.5	33.1	42.5	13.7	15.5	16.0
5 原動機類製造業	17.4	31.5	43.4	13.7	15.5	16.0

ており（表3）、従ってこれに基づく年功賃金制度も勤続年数よりもむしろ年齢に基づくものとならざるを得ませんでした。当時担当官であった金子美雄は、後に「これは当時ズブの素人のわれわれの間に自然的に日本的な生活賃金の考え方があらわれていること、われわれがめくら蛇におじずで、案外そういうところは大胆なことをやっていた」と論評しています。

この時代は職工（ブルーカラー）の賃金と職員（ホワイトカラー）の給与とは社会的に全く別のカテゴリーに属し、所管官庁も異なりました。前者が厚生省労働局の所管であるのに対し、後者は大蔵省理財局の所管だったのです。しかし戦時体制下では職工の賃金だけではなく職員の給与も統制対象にしなければなりません。そこで、第二次賃金統制令と時期を同じくして、一

表4　会社経理統制令による初任給料月額の上限（円）

		原則	卒業後1年以上経過者1年に付き
大学卒業程度	技術者	85	3
	事務者	75	3
専門学校卒業程度	技術者	70	2.5
	事務者	60	2
実業学校卒業程度	技術者	45	2
	事務者	42	2
中学校卒業程度		42	2
高等女学校卒業程度		33	1.5
高等小学校卒業程度		24	1.5
尋常小学校卒業程度		21	1.5

九四〇年一〇月一九日に会社経理統制令が制定されました。これにより、初任給の上限や昇給は一年に七％以内という制限をかけました（表4）。初任給を低くしてその後の昇給率も制限すれば、否応なく年功的にならざるを得ません。

さらに、一九四二年二月二五日の重要事業場労務管理令は、これまで別立てであったブルーカラー労働者とホワイトカラー職員とを「従業者」という単一概念に統合し、事業主に従業規則、賃金規則、給料規則及び昇給内規の作成を義務づけ、その作成変更について厚生大臣の認可制としました。事業主はこれらを従業者に周知するとともにこれを遵守しなければなりません。「昇給内規に依り従業者を昇給せしむべし」

（第一一条第一項）というのですから、年功賃金制が法令によって強制されるものとなったということです。しかも、昇給内規認可方針では、「昇給標準額と最高額又は最低額との差は概ね標準額の五割程度とすること」と昇給格差まで規制されていました。

なおこの間、賃金統制に対する家族手当という抜け穴が拡大の一途をたどっていました。一九四〇年一〇月一六日の第二次賃金統制令の最低賃金及び最高初給賃金に含まれない賃金として、一九四一年七月二六日の厚生省告示により家族手当が指定されました。その範囲は当初は上記臨時手当の支給を受ける一四歳未満の扶養家族ある労働者に限定されていましたが、翌一九四二年二月一七日の厚生省告示により、実収月七〇円以下という制限が廃止されるとともに、扶養家族の範囲が拡大され、扶養家族一人当たり三円で労働者一人についての限度額を撤廃しました。同年一一月四日にも厚生省告示により扶養家族の範囲が拡大され、手当額も五円に上昇しています。

さらに一九四三年一月二六日の厚生省告示により家族手当は賃金統制令による平均時間割賃金の公定による賃金総額の制限に含まれないこととなり、同年六月二八日の厚生省告示により単位生産量に対する賃金額による総額制限にも含まれないこととされました。このように戦時下で拡大の一途をたどった家族手当が、戦後の出発点には大きく膨れ上がっていたのです。

2　戦時体制下の賃金思想

こうして賃金統制立法によって年功的な賃金制度が企業に強制されていくのと並行して、大戦前に萌芽的な形で打ち出されていた生活給思想が、より明確な形で政府関連の諸機関から示されていくことになります。当時それは時局に合わせて「皇国勤労観」という名で呼ばれていました（以下すべて表記を口語化）。

まず一九四三年五月一九日に中央物価統制協力会議が示した『賃金支払形態合理化に関する意見』では、「基本給はこれをもって労務者及びその家族の基本生計費を保障すべきもの」と明言し、「地域別、性別に労務者の年齢に応じ適正な基礎賃金を設定す」るとともに、「家族給は労務者本人の扶養義務ある家族であって他の職業に従事し又は独立の収入を所得しない者一人につき一定率を基礎賃金に乗じてこれを算出す」ることとしています。同年六月に中央賃金専門委員会が決定した『賃金形態に関する指導方針』でも、「皇国勤労観を基礎とし、賃金形態の是正合理化を行」うとの考え方の下、その方針の冒頭に、「賃金は労務者及びその家族の生活を恒常的に確保するとともに、勤労業績に応ずる報償たるべきもの」と生活給思想を明示し、その要領において「労務者の性、年齢及び勤続年数に応じ定額給の基準を定めること。ただし人物、技能、勤務成績等に対し右の基準額に一定の許容額を設けること」と、属性が原則であり評価はそれへの修正であることを明らかにしています。

戦争末期の一九四五年四月二日に厚生省が通達した『勤労者（工員）給与制度の指導に関する件』では、これを次のように定式化しています。「年齢に応ずる生活給」が基本であると政府が明確に言い切っているのです。

勤労者（工員）給与制度指導要領

一、勤労者（工員）給与の構成

イ、勤労者（工員）の給与は定額給を基本とし（基本給）、業績に応じ算定される加給金（業績給）をその一翼たらしめ、これに配する手当及び賞与をもって構成すること。

ロ、基本給は年齢に応ずる生活給を基礎とし、勤続年数、技能程度及び身分階級を考慮し、一定の基準を定めること。

ハ、業績給は基本給総額の概ね三割程度を基準とし、勤労者の勤労業績に応ずる算定基準を定めること。

ニ、手当はその種類を整理廃合して基本的なもののみに止めること。

ホ、賞与は勤務成績及び経営業績に応ずる褒賞とすること。

二、基本給
イ、**基本給を定めるに当たっては、勤労者の生活確保に重点を置くものとし、年齢別基準額を基礎とし、これに勤続年数、身分階級及び技能を併せて考慮し定めること。**
ロ、基本給は月を単位として支給すること。ただし、正当な理由のない欠勤に対しては欠勤日数に対し日割計算をもって減額支給することができること。
正当な事由による長期欠勤者に対しては、一定期間（概ね六か月間）は基本給を支給すること。
ハ、昇給は概ね年二回行い、昇給額は基本給年齢別基準額に勤続年数、技能を併せ考慮すること。
年間昇給総額は、平均基本給総額の一割を超えないこと。

これに先立って一九四四年二月に労働科学研究所が『日本的給与制度』を公表していますが、これは生活給思想の詳細な解説になっています。そこではまず方針として「我が国の国体に合致した制度」であることを挙げ、「我が国の賃金制度は日本の美俗であり、国体の根本である家族制度を根幹としたものではなく、能率を本意とした賃金制度のため、若年期に過収入の傾向があり、父権期に生活に困難を生じるといった矛盾を呈しているのが実状である」と現状を批判し、「日本的勤労観を根基とする賃金観により、若年期の過収入を是正し、父権期における不安感を除去させ、しかも悪平等にならないよう、本人の赤誠、努力、業績に対しては適正な給与をすること」を目指しています。若年期の過収入、父権期の生活不安というのは、伍堂卓雄が一九二二年に『職工給与標準制定の要』で指摘していたことです。

それを「皇国勤労観」と呼ぶゆえんは、勤労観そのもののイデオロギー的転換を求めるからです。曰く、「今日までの我が国の賃金は、労働の対価として支払われてきた。従って、勤労することは賃金を得るためであると考えられてきたのである。すなわち、一時間いくらという賃金制度は、賃金奴隷根性の培養の根源となり、賃金本位の勤労観となったのである」。では、あるべき勤労観はいかなるものなのでしょうか。曰く、「今日我が国民が勤労することは賃金を得るための勤労ではなく、国家の最高目標達成のための勤労である。天皇に帰一し奉る奉仕活動である。従って賃金俸給は明日の勤労再生のための生活保証であり、献労に対する報謝である」云々。「賃金奴隷」というのは、マルクス主義において資本主義的賃労働制を貶めて呼ぶときによく使われる用語ですが、国家目標に対する奉仕としての労働という発想と併せて、皇国勤労観が表面上共産主義思想と対極に位置しているように見えて、実のところはほとんどそっくりな代物であることがよくわかります。

そして、このマルクス主義と紙一重の皇国勤労観こそが、ブルーカラーとホワイトカラーを平等に「社員」とみなす戦後日本の労働イデオロギーの原点であったことが、それに続く一節からよくわかります。曰く、「我が国今日までの生産組織は、同じ会社工場の従業員でありながら、地位上では社員工員のような区別があり、待遇においても社員は月給制とし、工員は常用請負加給制のような賃金制をとり、名称においても前者を俸給と呼び、後者を賃金と呼び区別してきたのである。このような制度上の差別は、自由主義的経営観、勤労観の残滓であって、こうした結果は必然的に勤労の賃金奴隷化へ押しやる結果となり、個人本位となり人の和を欠き、全体協力体制を自ら破壊する結果とな」る。そこで、「全従業員を社員として待遇し、一大家族主義の徹底を期し、もって勤労の国家性、産業の報国性を明確に示すと同時に、本人の努力の如何によっては、本人の職分を離れずしかも最高指導部まで人材を登用し得る道を開き、これが一面において賃金刺激に代えて精神的社会的国家的刺激たらしめ」る、云々。

こうした賃金思想は、当時多くの論者から繰り返し語られていました。そのうち経営者からのものとして有名なのが、パイロット万年筆の渡部旭常務取締役が一九四〇年一〇月に刊行した『賃金制より観たる月給制度』(東京地方産業報国聯合会)です。彼は、「家族生活の安定を主眼とするには、欧米流の契約賃金説や労働商品説に由来する賃金制度、まして請負制度のごとき資本主義むき出しの賃金制度は、よろしくこれを海の彼方に息吹き放って、日本本来の『お給金』制に立ち戻るべきである」と述べ、「お給金制とはすなわち月給制のことである。月給制こそは安業楽土の境地において家族制度の美俗を長養し、事業一家、労資一体の姿において産業報国の実を挙げ得ると同時に、真に産業を繁栄ならしむる最善の制度なのである」「大死一番、よろしく賃金と能率とを切り離してしまうことだ」と咆哮しています。彼が「資本主義むき出し」と非難する賃金制度は、欧米の労働組合運動が賃金交渉の大前提とするものなのですが、彼はそれよりも共産主義的賃金観に極めて近いように見えます。

これをもう少し理論的に述べたのが、中川一郎名古屋高等商業学校教授の「賃金制の否定と給与制の確立」（『社会政策時報』昭和一九年六月号）です（若干表記を口語化）。勤労は国家への奉仕であるから、賃金という対価と交換されるべきものではなく、国家がその生活を保障すべきものであるという、国家社会主義イデオロギーが全面的に展開されていますが、とりわけ「給与制は、勤労者個人ではなく、その扶養家族をも含んだ家を対象とするものでなければならない」がゆえに、「給与は当然に家族員数の多寡により異なる」だけではなく、「その差額は、…従来のような家族手当の額にとどまるのではなく、実は扶養家族の員数が、給与額決定の重要な一基準となる」べきだと主張している点が重要です。イデオロギー的装飾語を除けば、そこから戦後賃金制度の原点である電産型賃金体系への距離はもはやほとんどありません。

このように、戦時体制期は日本型雇用システムの三種の神器といわれる長期雇用慣行、年功賃金制、企業別組合（産業報国会という形ですが）が国家権力によって津々浦々の企業に至るまで強制された時期であり、日本型雇用システムの第二次成立期と呼ぶことができます。

第3章　戦後期の賃金制度

1　電産型賃金体系

戦時中に法令で強制された年功賃金制は、「皇国の産業戦士」の生活を保障するという思想に基づいたものでした。この生活給思想を戦後再確立したのは、急進的な労働組合運動だったのです。戦後賃金体系の原形となったのは一九四六年一二月二二日に締結されたいわゆる電産型賃金体系ですが、これは詳細な生計費実態調査に基づいて、本人の年齢と扶養家族数に応じて生活保障給を定め、これに能力給や勤続給を加味した典型的な年功賃金制度でした。賃金体系にその名を残す「電産」とは、正式には日本電気産業労働組合協議会といい、対する相手は日本発送電及び各地域の配電会社で、後に地域ごとの電力会社に再編されます。

さて、終戦直後の賃金制度は混乱の極みに達していました。戦時中の賃金統制を受けて低く抑えられた基本給の上に各種手当が積み重ねられ、電気産業でも平均すると、本給二八七円、家族手当一四八円、その他手当を含めて計六一六円で、本給は四割強となっていました。これを抜本的に整理し、主たる生活保障給（六八・二％）を本人給（四七・五％）と家族給（二〇・七％）から構成されるものとし、これに勤続給（三・七％）と能力給（一九・四％）を併せて基本賃金としたのが、電産型賃金体系なのです。その年齢別最低保障給は表5の通りです。

電産型賃金体系は、年齢と扶養家族数でもって整然とした生活保障給の体系を作った点で有名ですが、それを約七割とメインに置きつつ、約二割の能力給を付け加えた点にも、戦時賃金統制のモデルが表れています。電産型賃金体系を考案したのは、労働組合に結集した電力会社のホワイトカラー職員たちで、彼らがよりどころにすべきものは戦時中の賃金統制立法以外にはなかったのでしょう。

この生活保障を大前提とする賃金体系は、当時の労働組合の賃金要求活動に理論的根拠を与えるものとして、多くの労働組合に受け入れられ、急速に広がっていきました。

2　ジョブ型雇用社会からの批判

こうした生活給思想に基づく賃金制度を痛烈に批判し、職務に基づく賃金制度の導入を求めたのは、終戦直後期のＧＨＱの労働諮問委員会と世界労働組合連盟（世界労連）の報告でした。

表5 電産型賃金体系における生活保障給 (円)

年齢	本人	扶養家族数									
		1人	2人	3人	4人	5人	6人	7人	8人	9人	10人
~17	500										
18	530										
19	560										
20	590										
21	620										
22	650										
23	680										
24	710										
25	740	940									
26	770	970	1120								
27	800	1000	1150	1300							
28	830	1030	1180	1330	1480						
29	860	1060	1210	1360	1510	1660					
30	890	1090	1240	1390	1540	1690	1840				
31	910	1110	1260	1410	1560	1710	1860	2010			
32	930	1130	1280	1430	1580	1730	1880	2030	2180		
33	950	1150	1300	1450	1600	1750	1900	2050	2200	2350	
34	970	1170	1320	1470	1620	1770	1920	2070	2220	2370	2520
35	990	1190	1340	1490	1640	1790	1940	2090	2240	2390	2540
36	1010	1210	1360	1510	1660	1810	1960	2110	2260	2410	2560
37	1030	1230	1380	1530	1680	1830	1980	2130	2280	2430	2580
38	1050	1250	1400	1550	1700	1850	2000	2150	2300	2450	2600
39	1070	1270	1420	1570	1720	1870	2020	2170	2320	2470	2620
40	1090	1290	1440	1590	1740	1890	2040	2190	2340	2490	2640
41	1090	1290	1440	1590	1740	1890	2040	2190	2340	2490	2640

ＧＨＱ労働諮問委員会はアメリカの労働行政官が中心で、ＧＨＱの招きにより一九四六年一月に来日し、電産型賃金体系成立直前の八月二二日に最終報告を発表しました。その第四項「賃金、給料政策」の第五目「賃金、給料構成の単純化」においては、日本の賃金制度の在り方が槍玉に上がっています。やや長いですが引用しましょう。

8．日本の賃金構成はきわめて複雑している。しかして、**労働者の収入は、労働者の為した仕事の性質に非常に密接に連関しているとはいえないのが普通である。基本賃金率は、一般の産業では、年齢、性、婚姻関係、被傭者の勤務時間に応じて異なっている。**更に、基本給は全所得の極小部分のみしか示さないことがしばしばある。というのは数種類の特別の手当や賞与が支給されるからである。

9．二つの究極の到達点――主として立法以外の手段によって達せられるものは、

（1）基本給に含まれない特別の手当の重要性を極度に縮減することによって、賃金給料構成を簡単にすること。

（2）基本賃金率を年齢、性等の個人的特性に結びつけるよりはむしろ、仕上げられた仕事の性質にできるだけ緊密に結びつけることである。

家族手当及びその他の特別な給与は、現下の緊急状態の際にあっては必要であり、且つ

有用であろうということが認められているが、緊急事態にあっては、健全な経済は、報酬を出来るだけ緊密に個人の生産性に連関せしめることによって、最もよく促進せられるであろうと本委員会は信ずるものである。

11．**現行賃金制度のかくの如き複雑性は、ただに団体交渉を混乱せしめる傾向があるのみならず、特に年齢別、性別による差等により、低賃金水準に於ける児童及び婦人労働の過度の使用を促す傾向がある。**問題は非常に錯綜しているので、全部法制によっては解決し得ない。しかし上述の「同一労働に対する同一賃金」の規定は有効な端緒を開くことになるであろう。政府使用人の賃金機構を改正することは、仕事自体に関係しない賃金要素を除去することとともに、私的産業が追随する模範として有用なことであろう。

このGHQ労働諮問委員会報告が、その後の日本政府の職務給推進政策の原動力となっていきます。ちなみに、当時労働省に採用されたばかりの楠田丘は、賃金統計についてGHQに勉強に行かされ、若い女性の米軍将校から職務給の作り方を叩き込まれたそうです。「こんな仕事は何ドル、あんな仕事は何ドルというのを渡されまして、これで賃金表を作れというわけです。だからその職務をまずいくつかのグレードに分けて、それから賃金をここへもってきて、いくらからいくらへの幅というのをもってきてそれを整理して一級はいくらからいくら、二級はいくらからいくらと、一級というのは大体この程度の仕事と。そういう仕事をやらされるわけです」（『楠田丘オーラル・ヒストリー』政策研究大学院大学、二〇〇三年）。

もう一つの批判者は世界労連でした。少し脇道ですが、この頃の世界の労働運動の流れを概観しておきます。戦後一九四五年一〇月、東西両陣営の労働組合が世界労連に結集しました。ところが一九四九年にマーシャルプランをめぐって対立が生じ、西側諸国の労働組合は大挙して脱退し、国際自由労働組合総連盟（国際自由労連）を結成したのです。その結果世界労連はソ連圏の（共産党直系の）組合だけの機関になりました。しかし、一九四七年三月に世界労連の視察団が来日したときはまだ西側労組が脱退する前でした。ですからこのときやってきたのは、仏労働総同盟（CGT）出身のルイ・サイヤン書記長を団長に、米産業別労働組合会議（CIO）のタウンゼンド、全ソ労働組合中央評議会のタラソフ、英労働組合会議（TUC）のベルら六名でした。視察団は同年六月にチェコスロバキア（現チェコ）のプラハで開かれた総理事会に予備報告を行いましたが、その中で日本の賃金制度について次のように手厳しく批判しています。

代表は次の点に注意した。すなわち国有事業をも含めた工業において、**賃金制度は職業能力、仕事の性質、なされた仕事の質や量に基礎を置いていない。時としてそれは勤労者**

の年齢や勤続年限によっている。また他の場合、われわれは調査にあたって男女勤労者の基本賃金を発見し得なかった。というのは、報酬は子供の数に基礎を置かれており、これら家族手当の性質や価値を決定し得ないのである。代表団は全部かかる賃金決定法を非難した。かかる方法は、雇主の意思のままに誤用され、差別待遇され得る道を開くものであるという事実はさておいても、方法そのものが非合法的非経済的である。賃金は勤労者の資格、その労働能力に基礎が置かれねばならぬ。妻子、老齢血族者等、家族扶養義務に対する追加報酬は切り離すべきで、そして受益者の年齢、資格を問わず、かれら全部に平等な特別の基準のものでなければならぬ。この基準は労働組合の承認の後、工場その他の職場で発表し提示されなければならぬ。……

代表団は全般的に見て、婦人労働者に正常の賃金と、より良い社会的地位とを保障する努力がこれまでほとんどなされていないと考えている。似通った仕事は同じ時間と、同じ質にたいして、同じだけの報酬に値するという原則に従って、代表団は、労働者の性別によって賃金に差をつけるべきではないと述べた。工場に多年勤めている婦人労働者は、男子見習員よりも安い賃金をもらっているが、この事実のなかに、低い婦人に対する不平等で、非人道的な考えが残っているわけである。

このように、終戦直後の時期において、アメリカの労働行政官たちと、世界の労働組合運動家たちは、揃って日本の賃金制度を批判し、年齢と扶養家族数に基づく生活給ではなく、仕事の性質に基づく職務給の確立を求めていたのです。

3　公務員制度における職階制

こうした職務給への指向をストレートに立法化しようとしたのが公務員制度でした。当時公務員労組は最も急進的な運動を展開しており、一九四七年二月一日の二・一ストがマッカーサーの命令で中止された後、公務員賃金問題は官公職員待遇改善準備委員会で審議されていました。そこに同年四月一五日事務局から提示された案は、基本給が生活保障給と能力給からなり、前者は年齢給と家族給からなるほぼ完全な電産型賃金体系でした（表6）。

ところが一一日後の四月二六日に大蔵省給与局から示された試案は、「現行俸給給料から全く離れ、新しい見地から、職階制の精神を取り入れた各職員の職務に応じた基本給を決定することを基本方針とする」と宣言し、「新基本給決定の方法としては、各官庁別に個々の職務を、最も複雑困難なものから最も単純容易なものまで縦に配列すると共に、各官庁相互の横の権衡を統一的に調整し、縦横両面を綜合したものによって、最も権衡を得同時に職務の内容に応じ

表6　最初期の公務員賃金案（円）

年齢	金額	年齢	金額	年齢	金額	年齢	金額
13	400	20	590	27	697	34	864
14	433	21	606	28	717	35	893
15	476	22	621	29	737	36	914
16	500	23	636	30	757	37	936
17	530	24	651	31	777	38	957
18	560	25	667	32	806	39	979
19	575	26	682	33	835	40	1000

家族給は扶養家族1人当たり150円

た給与を定める構想とする」と、完全な職務給の確立を指向するものでした。これは明らかにGHQの指令を受けたものであったと思われます。

実は前年の一九四六年一一月に渋沢敬三大蔵大臣（渋沢栄一の孫）の求めに応じて来日したブレイン・フーバー団長率いる対日米国人事行政顧問団が、日本政府に官吏制度の抜本改正を指示していたのです。その結果、一九四七年一〇月二一日に成立した国家公務員法には職階制が明記されました。職階制とは、一義的には官職を分類整理し、格付けすることですが、それで終わりではなく、それのみを任用の資格要件と俸給支給の基準としなければなりません。つまり、ある官職にいかなる人を就けるのか、そしてその者にいかなる給与を払うのかという、人事管理の二大根本事項を、分類整理され格付けされた職種と等級に基づくものにしなければならないのです。まさに、ヒト基準ではなくジョブ基準の人事管理を大原則として規定しているのが職階制といえます。

同法に基づき一九五〇年五月一五日に国家公務員の職階制に関する法律（職階法）が制定され、「官職」「職務」「責任」「職級」「職級明細書」「職種」「格付」といった用語の定義をした上で、「官職の分類の基礎は、官職の職務と責任であって、職員の有する資格、成績又は能力であってはならない」とか「格付に当っては、官職の職務と責任に関係のない要素を考慮してはならない」と、ジョブ型公務員制度の基本原理を繰り返しています。

ジョブ型公務員制度においては、まず初めに職務があり、それに最もふさわしい人を内部からも外部からも任用するのが原則です。しかし、既に戦前来の官吏制度によって政府の官職を占めている人々がいる場合、彼らをどのように扱うべきでしょうか。フーバーは本来あるべきジョブ型任用に移行するために、極めて強硬な考え方を示しました。とりあえず臨時任用とした上で、試験を受けさせ、不適格者は排除するというものです。この考え方に基づき、一九五〇年一月一五日に課長以上を対象に、「国家公務員法附則第九条による任用試験」が公開競争試験として実施されました。これは通称「S－1試験」と呼ばれましたが、再任率は全体で七四・一％で、約四分の一の幹部職員が職を追われることになりました。ちなみに山川菊栄初代婦人少年局長も試験不合格のゆえをもって退職を通告されています。このため職階制は他省庁から猛反発を受け、占領の終了とともに人事院が懸命に作成していた四四九の職種からなる膨大な職級明細書（ジョブディスクリプション）はほぼ空洞化し、職階制は名存実亡の状態となりました。

では職階制に基づいて作られるはずの任用制度と給与制度はどうなったのでしょうか。一九五二年五月二三日に人事院規則八－一二（職員の任免）が制定され、その際人事院は「国家公務員法における任用とは官職の欠員補充の方法である。すなわち官職への任用であり、職員に特定の職務と責任を与えることであって、職員に或る身分若しくは地位を与えることではない」と大見得を切っていましたが、同規則第八一条以下（経過規定）は、職階制が実施される日までは従前通りとし、そして職階制は永遠に実施されませんでした。以来日本国においては、この当座の間に合わせの任用制度によって、「職員に或る身分若しくは地位を与える」という純粋メンバーシップ型の運用がまかり通ってきたのです。

一方給与制度は、一九四八年四月三〇日に政府職員の新給与実施に関する法律第十四条に基づく職務による級別区分の基準が設けられましたが、この職務分類は「職務」を分類しておらず、最下級の一級職から最上級の一五級職まで等級を分類しているだけでした。一九四八年改正国家公務員法はこの「職務分類」を国家公務員法の職階制規定に基づく計画と見なした上で、それは暫定的な措置とし、本来の職階制が実施されれば効力を失うはずでしたが、その日は永遠に来ませんでした。正確に言えば、同法は期限切れで失効し、それに代わって一九五〇年の一般職の職員の給与に関する法律が一五級の職務分類の根拠規定を引き続き設け、これも職階制が実施されるまでの暫定措置のはずでしたが、やはりその日は永遠に来ませんでした。国家公務員法上には、職階制に適合した給与準則を制定し、これに基づくことなしにはいかなる給与も支払ってはならないと明記してあるにもかかわらず、給与準則が制定されることはなく、その結果職務分類とはせいぜい給与法の別表に掲げる俸給表の違いでしかなくなってしまいました。法律上は徹底したジョブ型給与制度を明記しながら、縦の等級区分は一五級もあるのに、横の職務区分は一般のほかは税務、公安、船員しかないという、およそジョブ感覚の欠如したシステムが長年継続できた手品の種はここにあります。

4　日経連の職務給指向

一九五〇年代から一九六〇年代にかけて、日本で職務給を唱道していたのは政府と並んで経営団体でした。猛威を振るう労働運動に対して経営権の確立を掲げて一九四八年四月に結成された日本経営者団体連盟（日経連）は、賃金制度の在り方についても続々と見解を明らかにしていきました。

一九四九年九月七日の『企業合理化に伴う賃金制度と能率給』は「基本給は従来往々見られた身分的非科学的決定方法を是正して、科学的職務分析により仕事の客観的な価値と内容を基礎とし、その上に労働者の能力が評価されて定められる職務給ないし職能給に代替せらるべき」と論じ、生活給は「労働者の労働に対する正当な評価を欠く悪平等的賃金」であり、漸次減額ないし廃止すべきと主張しています。また一九五〇年二月七日の『当面の賃金問題に対する経営者の態度』も「経営者としてはあくまでも生活給偏重を排除して、労働の対価たる賃金の本質に則って、労働者の能力、能率を基軸とした合理的な体系を確立することが必要かつ当然」と述べていました。さらに同年五月九日の『新労務管理に関する見解』では、「一部に残存する生活給偏重の傾向を完全に揚棄するためには率直に職階制の長所を採り入れることが捷径である。職階制を採用することによって、人事の基準を仕事内容に置き、仕事の量及質を正確に反映した給与形態を採ることが出来る」と主張し、労働組合側の「職階制は新たな身分制の復活であり、低賃金の固定化である」という批判に対しては、「いたずらに仕事内容と無関係な身分制の固定化と給与の悪平等こそ本制度の排斥せんとするところである」と高唱しています。

この時期に先駆的に職務給の導入を図ったのは王子製紙〈分割後は主に十条製紙〈現日本製

紙》）でした。王子製紙株式会社勤労部「職階職務給の実施について」（『日労研資料』一九四九年一〇月二七日号）によれば、職務分析、職務評価を経て職階給を決定する一方で、「職務給を全面的に実施するならば全給与を以上述べた職階給一本とすべきであるが、…我国の経済状態は未だ職務給を全面的に実施する程豊かでない」ので、「全給与体系を職能給（職務給）と生活補完給に分ち、職能給の部分に付てのみ職階級制を導入した」と、生活給と妥協したことを語っています。従業員平均で見ると、

職能給リンク　六五七〇円（五六・七％）
生活給リンク　五〇一〇円（四三・三％）
合計　　　　　一一五八〇円

となっており、かつ成年男子と未成年・女子に分け、扶養家族数に応じて設定した最低保証額に満たない場合はそこまで支給するという複雑な制度でした。ちなみにこの用語法からもわかるように、当時は職務給と職能給はほぼ同義語として使われていたようです。これが次第に類義語になり、やがて対義語になっていく経緯自体が、戦後日本の賃金制度史の皮肉を物語っています。

こうした戦後期における日経連の職務給指向の集大成が、一九五五年一〇月一三日に刊行された『職務給の研究』という五〇〇ページを超える大著です。その冒頭の「職務給の意義」において、「賃金の本質は労働の対価たるところにあり、同一職務労働であれば、担当者の学歴、年齢等の如何に拘らず同一の給与額が支払われるべきであり、同一労働同一賃金の原則によって貫かるべきものである。この点、職務給は賃金の本質を最も忠実に表現化した給与制度であるといえよう。これに反し職務と関係のない担当者の身分や学歴や年齢等によって給与を定めたり、ましてや職務と無関係に担当者の生活費を基準とするような賃金制度は、労働の対価たる賃金の本質に反するものであり、公平な刺激に欠けるので働く者に働き甲斐のある賃金とはいえない」と、その正当性を宣言しています。

5 労働組合側のスタンス

こうした経営側の積極的な姿勢に対して、労働組合側は職務給反対で足並みを揃えていたのかというと、必ずしもそうではありませんでした。とりわけ注目に値するのは、一九四八年六月一二日の産別民主化同盟第一回全国大会で採択された運動方針で、そこでは次のように明確に労働者の立場からの職務給思想を打ち出していました。

四　現在一般に採用されている賃金体系は、いわゆる生活給が基本となっている。われわれ労働階級の賃金がアメリカ労働者の四〇分の一にまでも切下げられ、最低生活を維持するに足りない現情勢下にあって、賃金体系が生活給に基礎を置いている現状はやむを得ないとしても、その反面、かかる賃金体系のために、職場の大衆が技術の錬磨に対して熱意を放棄したり、あるいは家族持ち、中年の労働者の職場への流入が阻止され、あるいは年配の労働者が一旦失業したあかつきにはほとんど絶対というまでに再就職を拒まれている状況にかんがみ、賃金水準の向上のための闘争に併行して、漸次労働の質と量とに応じて賃金が支払われるような体系に合理化し、職務の科学的分析を基礎とする賃金の度合いを、全体系中において次第に高めてゆくように活動する。……

九　家族手当制度は、賃金総額をこれにより引下げんとする資本家的政策の表現であり、かつて諸外国の労働組合は一致してこれに反対した。われわれも理想としては、かかるものを廃止して最低生活を保障するに足る基本給が少なくとも支払われることを切望するが、現在の低位な賃金とインフレ下の現況においてはやむを得ない制度と考える。しかしこれが年齢給本位の賃金とともに、多子家族を有する労働者の職場への流入を阻止している現況にかんがみ、地域的に、また全産業的に、ひいては一国全体にわたって、任意又は強制加入の社会的平衡資金制度を設け、家族手当制度より来る弊害の除去に努めて、年齢にかかわりなく優秀な技能者が職場に積極的に吸収されうるようにするとともに、他方賃金水準の向上とともに、次第にこれらのものが賃金総額中に占める割合を少なくしてゆく。なおイギリスの社会保障による家族手当の支給制度は研究すべき題目だ。

この産別民主化同盟（民同）とは、日本共産党の指導下で過激な運動を繰り広げた全日本産業別労働組合会議（産別会議）の中から、共産党による労働運動の引き回しを批判して生まれてきた民主化運動で、その中心人物は細谷松太産別会議事務局次長でした。この民同と日本労働組合総同盟（総同盟）左派とがGHQの指金により合体して一九五〇年七月一一日に結成されたのが日本労働組合総評議会（総評）なのですが、いろんないきさつから肝心の細谷松太は総評に入らず、新産別という小さなナショナルセンターを立ち上げることになります。その結果、上記労働者の立場からの職務給思想は総評には全く受け継がれませんでした。

総評が一九五二年二月二四日に発表した賃金綱領は、「健康にして文化的な生活を営むことができる賃金水準＝最低手取七万円の実現」、「全物量方式による実質賃金要求の達成」、「最低保障を基礎とする合理的賃率。——職階給制打破」といった目標を掲げ、いわゆるマーケット・バスケット方式を打ち出しました。これはすべての生活費目を価格換算して買い物籠に積み上げる方式で、当時生活保護の算定方式として採用されていたものです。最低賃金を問題にしているのであれば、生活保護と同様、生計費を基準とすべきことはいうまでもありません。しかし、生活を維持しうる最低限度の賃金ではなく、それを上回る水準の労働者の賃金の決め方を問題にすべきところで、総評は職務による違いを議論したくないあまり、「食える賃金」というスローガンの下で意図的に思考停止に陥ってしまったようです。

6　政府の職務給推進政策

上述したように、公務員制度における職階制は早々と名存実亡の状態となり、建前は限りなくジョブ型にして実態は限りなくメンバーシップ型の官僚制が七〇年以上にわたって継続することになりますが、自分事ではなく他人事である民間企業の賃金制度については、少なくとも二〇年あまりの間、政府はジョブ型の職務給を推進し続けていました。

出発点は一九四六年八月二二日のＧＨＱ労働諮問委員会報告です。これを受けて、経済安定本部（経済企画庁の前身、現在の内閣府）は一九四六年一一月一五日、『賃金支払方法に関する基本方針案』を策定し、その中で「賃金は職務及び作業の遂行に対して支払わるるものなること の原則を堅持すること」と規定し、あくまでも職務の価値で賃金を決定すべきという姿勢でした。もっとも、実際には全く効力がなく、その実施も円滑に行われなかったようです。

労働省労働基準局もこの時期、賃金制度の合理化指導に力を入れていました。一九四七年以来、通信工業、繊維工業、製薬業の各部門について職務給研究会を設置し、職務給与制度についての指導研究を行いました。その成果第一号として出版された製薬業職務給委員会編『職務給の研究』(日本労働通信社、一九四八年)では、労働省給与課長の金子美雄が「職務給のような賃金問題においては、百日の机上の理論よりも一日の実際的経験が重んぜられなければならない」と述べています。

その後も民間企業への職務給の導入に主力を注ぎ、通運業、硫安業、綿紡業の工場を実験対象として長期にわたる研究会を組織するなどしていましたが、一九五二年八月四日に「賃金制度改善について」と題する通達を発出し、これに基づき都道府県労働基準局が主体となって賃金制度改善運動が開始されました。その考え方として「合理的な基本給を確立するに当たって前提となるのは、職務内容、責任の程度、その他の労働条件を明確化することである。我が国においては職務の標準化が行われておらず、また責任の所在も不明確なものが多いが、職務の内容等を明確化するに当たっては、職務分析、職務評価等、職務給制度に用いられる技術を導入することが有効であるので、これに関する資料の紹介、技術の指導、援助を行う」と指示しています。

なお、一九四七年四月七日に制定された労働基準法の第四条（男女同一賃金）は、その前年八月七日に労務法制審議会に提示された事務局案では「男女同一価値労働同一賃金」となっていましたが、総同盟から出ていた西尾末広委員が、労働の価値よりも家族数を重視する生活給の考え方と同一価値労働同一賃金の観念とには矛盾があると指摘し、その結果「同一価値労働」が削除されて、現行の「男女同一賃金」に収まるという経緯がありました。

第4章　高度成長期の賃金制度

1　日経連は職務給から職能給へ

(1) 定期昇給政策との交錯

一九五〇年代後半期の日経連の賃金政策は、職務給の推進という旗を一方で掲げながら、他方で定期昇給を推進するという二本立ての時代でした。定期昇給政策については、第Ⅱ部で詳しく見ていきますが、ここで簡単に述べておくと、一九五四年三月の電産争議調停で中労委がベースアップの代わりに定期昇給制の実施を勧告したことを受けて、同年九月、日経連の地方団体である関東経営者協会賃金委員会が『定期昇給制度に対する一考察』を公表し、その後、熱心に定期昇給制の旗を振っていったのです。

とはいえ、これはあくまでも賃金水準をめぐる労使交渉という文脈の話であり、人件費総額を膨張させるベースアップではなくそれを一定に保つ定期昇給が望ましいと言っているに過ぎません。これ自体は、経営者側の利益を代表する立場としてあまりにも当然の議論です。とはいえ、新卒一括採用と定年退職制の下では、定期昇給制度は事実上勤続年数（≒年齢）によって賃金額を決めているのと同じことになります。推奨すべき定期昇給制が否定すべき年齢給と同じことになってしまうというこの矛盾を、どのように整理すればいいのでしょうか。

一九五七年一月に日経連が発表した『現下の賃金政策と賃金問題』は、定期昇給制と職務給との関係を次のように整理しようとしています。

賃金体系の方向性が生活給的賃金から職務及び能率に対応する賃金へと指向しつつあることは、他の社会諸制度の方向性から背馳し得ない限り必然的である。従って生涯雇用制度から生れた昇給制度は、そのままでは存続し得ず、消滅か変貌かの岐路に立っている。完全に職能給体系に移行し、労使は勿論社会一般もその様な思想を当然のことと思うようになれば消滅しても構わないが、そこまで到達させるには相当の長年月を要し、形式よりはむしろ思想変換と云うことにその重要性がある以上、一挙的な変革は望み得べくもない。これは職務給制度の導入にしても戦後いち早く実施した企業がその運用面において行詰りを来たしている原因を考え合わせてみれば、容易に納得できるであろう。従って徐々にその浸透度を高めてゆく以外に方法はないと考える。この意味で我が国賃金制度の現状においては不可欠のものである昇給制度を、消滅させるのではなく、むしろ再検討して新しい考え方の下に、積極的に活用することが望ましい。

これは職務給化の漸進論から、当面定期昇給制を活用しようという議論です。これに加えて、定期昇給制を適用する賃金制度を「属人的なるものから職務中心的なものに運用を切り替えてゆく」ことを求めています。ここで「職務中心的」といっている中身は、具体的には「労働価値の測定は原則として従業員の配置職務を通じて、しかも適正な能力評価方式によって、その者の将来に対して、企業が貢献を期待する向上能力について行うべきである」と、後年の能力主義的な思想が明確に表れてきています。

翌一九五八年一月の『当面の日本経済と賃金問題』でも、ベースアップの排除と定期昇給制の確立を謳っていますが、その理由は「現在でも職務給制度は、理論的に最も望ましい制度であり、また今後の技術革新の進展においてもその適格性を強める」ものであるが、「これを現在一挙に採用することは、多くの摩擦を巻き起こす恐れを多分に持っている」からで、「従ってわれわれは、当面昇給制度の合理化と近代化を基幹とする賃金管理によって、職務に対応する賃金への道に努力せねばならない」というわけです。

さらに一九五九年一月の『わが国労働経済の現況と賃金問題』では、次のように開き直ったような姿勢を見せています。

わが国企業の賃金は、相対的に低い初任給時点から相対的に高い停年給時点へ向って、毎々昇給額が積み重ねられながら決定されてゆくという特質をもっている。…要するに終身雇用的なわが国の賃金体系では、エスカレーター昇給を内在的に予定し、昇給させながら企業の賃金水準を維持し、同時に体系自体を保全してゆくものである。

これに対して、純粋な意味における職階給賃金および職能給賃金で代表される先進諸国の賃金体系では、賃金は仕事と結びつけられている。この体系では、仕事の属性として賃率が定着しているので、一般に賃金の増加は「昇給」によってではなく仕事の変更（配置転換、転職、昇進）の結果としておこる。かくして昇給制を予定することなしに企業の賃金水準は維持されてゆく。

体系自体に昇給制を必要とするような契機を内部的にもつものではないから静止する賃金体系と名づけてよい。そうだとすれば、わが国のは動く賃金体系といってよいであろう。

これはもはや職務給への漸進主義ですらなく、日本は欧米諸国とは別の道を行くのだといわんばかりに見えます。もっともそれに続く節では「適性昇給制」という概念を持ち出し、次のように四つのモデルを示して職務給との接合を何とか図ろうとしていますが、職務給への熱意はかなり冷めた感があります。

アルファ・モデル　基本給を純粋の職務給或は職能給部分と勤続給・年齢給・能力給等の個人給部分によって構成する型である。前者は能率加給の基礎となり、後者には本来的昇給制度が結びつけられて機能する。基本給に占める両構成部分の比率を操作しながら漸進的要求に適応してゆく。

ベータ・モデル　いわゆる職階給――日本的修正が施された――であって、すでに公務員及び少数の民間企業に採用されている型である。職級の数と巾の設定で問題が生ずるが、昇給は再評価方式である。

デルタ・モデル　アルファ・モデルのうち純粋の職務、職能給部分をベータ・モデルでおきかえた基本給型。

ガンマ・モデル　必要性に迫られる職種なり職掌なりに限って、前の三つの型をとりいれてゆく型。

(2) 職務給化への情熱

ところが一九六〇年代に入ると、日経連は再び職務給化を指向していきます。一九六〇年一月の『日本経済の安定成長への課題と賃金問題』は、「安定賃金」という概念で労働組合側のベースアップ要求を牽制しながら、再び職務給指向をあらわにしています。すなわち、技術革新の進展と年齢別人的構成の変化から「昇給制度がその支持要因の構造変化によって、早晩過去のものになりつつある」との認識に基づき、前年のものを修正して職務給への漸進的移行モデルを次のように提示します（各説明略）。

アルファ型　職級のある、職務給、あるいは職務能力給＋定期昇給部分
アルファA型　職級のある職務給＋職務能力給
アルファB型　職級のある職務給＋それと独立的な定期昇給部分
アルファC型　職級のある職務能力給＋自動昇給部分
ベータ型　職級及び号級のある職務給
ガンマ型　アルファC型において、自動昇給部分はそのままだが、職務能力部分をベータ型で置き換えた型
デルタ型　必要性に迫られる、あるいは設定容易な一部の職種、職掌、事業所にまず前述の諸型を導入し、漸次他に波及させてゆく型

エプシロン型　職級のある職務能力給
ツェータ型　職務遂行能力に基礎を置く資格別昇給制度

ここでは、職務自体に基づく職務給と並んで職務遂行能力に基づく職務能力給（職能給）が大きな存在感を示してきています。今まで見てきたように、それまでは職務給と職能給はかなり可換的に使われてきたように見えますが、ここにきてその違いが意識に上るようになってきたのです。

この点は翌一九六一年一月の『新段階の日本経済と賃金問題』ではよりはっきりと現れています。同書は「わが国戦後の賃金体系の変遷は、年功序列給に対する職務給の交錯の歴史である」と述べた上で、「過渡期の便法策としての職能給」を打ち出しているのです。あくまでも「賃金体系の指向目標は職務給にある」とした上で、「職務給化の前提条件がみたされていない場合に、それを整備するまでのやむをえざる暫定措置」としては容認しうるけれども、「日本の企業条件に即した職務給の日本的修正形態と考え、職務給化に代るあるいはそれに優る賃金体系」としては同調しがたいというわけです。ただし、職務給化は漸進的にせざるを得ず、前提条件の整備段階と職務給化の実施段階からなる二〇年間の長期賃金計画となるという見通しを示しています。

ところが、翌一九六二年に入るとこの漸進論が一気に急進論に加速します。前年までは毎年一月の春闘向けパンフレットに賃金制度に関する章を置いていたのですが、この年は『景気調整下の日本経済と賃金問題』とは別に、わざわざ『賃金管理近代化の基本方向――年功賃金から職務給へ』というB6版の小冊子を作成し、賃金体系近代化の計画を明らかにしています。そこでは、

- 賃金の決定は職務を基準として行なわれるべきこと（職務基準の原則）
- 年齢別格差は縮小さるべきこと（年齢別格差縮小の原則）
- 個別賃金の格差は企業間においても縮小さるべきこと（社会的標準化の原則）

の三原則を示した上で、前年の二〇年間かかるという漸進的職務給化の見解を否定し、「貿易自由化をはじめとして、諸情勢の急速な変転は、職務給化の課題を一〇年から二〇年の期間ではなく、目前緊急の課題としつつある」と急進論に転じています。そして、この原則実現に至る移行の方法論として、企業別賃金決定の原則を基礎とした職務給化によって可能だと論じます。

この実現過程の第一段階は、大企業の職務給化である。この段階で、職務の定型化と標

準化とに努力する。第二段階は、職務給実施の先進的大企業がある程度出揃ったところで、それらの企業間で（業種別、地域別、全国的）共通の標準的な職務（いわゆるキイ・ジョッブ）を見出し、または設定し、これについて相互に賃金比較を行ない（要すれば協定を結び）、標準的職務の賃率を横に揃える努力を行なう。第三段階は、職務給実施企業がさらに増えて来たところで、産業別ないし全国的な団体および政府機関において、現在の学歴別年齢別賃金統計に併行して標準的職務についての賃率、実収賃金統計を実施して行く。かくして同業種同規模間の標準化に発して、次第にこれを異業種異規模間に及ぼして、全国的な標準化を実現して行く。

　これらの各段階において、産業別ないし全国的な、民間、公共、政府諸機関において、職務分析、評価および移行時の賃金体系について、基準案ないしマニュアルを作成、一般の利用に供することは、標準職務とその標準賃率の形成に役立つであろう。

　これを要するに、われわれは、企業別賃金決定を原則としつつ、賃金統計＝比較技術をテコとして、最終的には、職務別の賃率について全規模を通じた、全国的な標準化が可能であると信ずる。

本書の興味深い点は、年功賃金を職務給に切り替えるときに発生する利害対立に対して、現行賃金序列が職務評価序列よりも高い者については、レッド・サークル・レートの原則として現行賃金を保障するとしている点です。これは、あくまでも現行賃金の保障であって将来の期待利益の保障ではなく、新賃金率が保障レートに達するまでは当該個人について賃金引上げは行わないという現行賃金の保障と凍結の原則です。

ところが、日経連の職務給への情熱が最高潮に達したのはこの一九六二年だったようで、同年五月に刊行した『職務給化への途』において、石炭鉱業、鉄鋼業、造船業、化繊工業、カーバイド工業、紙パルプ工業、セメント工業、食品工業、建設業、電気事業の一一業種にわたる現状と展望をまとめた後は、一九六四年九月の『日本における職務評価と職務給』で職務分析や職務評価の方法、職務給導入の手順を詳細に解説したのが目立つくらいで、職務給の積極的な唱道は影を潜めていきます。

毎年の春闘パンフレットを見ていくと、一九六三年一月の『日本経済の展望と賃金問題』では、「大企業における終身雇用制という封鎖的な雇用体系と、その中で形成されて行く年功序列的な賃金体系」が規模別賃金格差の背景であり、これを解決するには「職務価値に応じた合理的な賃金体系」が重要であると述べていますが、一九六四年一月の『岐路に立つ日本経済と賃金問題』では、職務給については総評の職務給批判に反論しているだけです。そして一九六五年一月の『構造変動下の日本経済と賃金問題』では職務給という言葉は消えて、日本の賃金水準は西欧並みになりつつあるのに、生産性上昇を上回る賃上げによってインフレが誘発されることを懸念しています。一九六七年一月の『自由化の新段階と賃金問題』では、職務給という言葉の代わりに能力主義という言葉が登場しています。次節で見ていく『能力主義管理』が既にここに芽を出しているようです。

なおこの間、一九六四年四月の日経連総会において、職務志向の管理体制へ誘導するために職務分析センターを設置することが承認され、同年九月に設置されました。同センターは職務分析員の養成や職務分析講座の開催、会誌『職務分析』の発行など、活発に活動を開始しましたが、ほんの数年で職務志向は消えていくことになります。

(3) 能力主義への転換

日経連は一九六六年一〇月に、労務管理委員会の下に各業種主要企業二一社の人事担当部課長よりなる能力主義管理研究会を設け、一九六九年二月に『能力主義管理』と題する報告書を刊行しました。これは日経連の賃金思想を明確に職務主義から能力主義に転換させた歴史的文書といわれていますが、実際はその転換はその数年前から徐々に進んでいたというべきでしょう。

日経連はここで「われわれは、われわれの先達の確立した年功制を高く評価する。年功制は今日までの日本経済の高度成長を可能とした一つの企業における制度的要因であった」と認めた上で、「年功・学歴は能力と関係する限り認めるが、それ以上の評価は認めない」と述べ、年功制の欠点を能力主義管理によって改めるのだと宣言します。では、キーワードとされる「能力」とはどういう意味なのでしょうか。曰く「能力とは企業における構成員として、企業目的達成のために貢献する職務遂行能力であり、業績として顕現化されなければならない。能力は職務に対応して要求される個別的なものであるが、それは一般には体力・適性・知識・経験・性格・意欲の要素からなりたつ。それらはいずれも量・質ともに努力、環境により変化する性質をもつ。開発の可能性をもつとともに退歩のおそれも有し、流動的、相対的なものである」この六要素を掛け合わせたまさに全人格的なものが「能力」であるというわけです。

本書は採用管理、配置管理、昇進管理、能力評価など各章にわたって詳細に論じていますが、賃金管理の章では「画一主義から個別化へ」「業績・能力による賃金決定」を謳い、職能給化を唱道しています。その中で職務給との異同について触れたこの一節は、本書が職務主義から能力主義への転轍点に位置していたことを改めて思い出させます。

現段階では、職務給は属人的要素を排した属職給として認識され、職能給はきわめて属人的要素の強い属人給であると認識されているが、能力主義の職務中心の管理を推進することにより（具体的には、職務の要求する能力を有する者が適職に配置されるという能力主義の適正配置の実現が基本であるが）職務給、職能給はいずれも同じことを言い表わすようになる。職務給、職能給の一致をはかることが能力主義管理であるともいえよう。

この段階では「職務給、職能給はいずれも同じこと」といっていたものが、その後は職務とは完全にかけ離れた「能力」がまかり通るようになっていくことを考えれば、本書は能力主義の出発点であると同時に職務主義の終着点でもあったのでしょう。

2　労働組合は職務給に悩んでいた

前節で述べたように、一九五〇年代から一九六〇年代の日本では、同一労働同一賃金に基づく職務給というのが政労使の間で流行語になっていました。

一九五八年に設立された日本労働協会（労働政策研究・研修機構の前身）は、一九六〇年一〇～一一月に箱根強羅で開催した賃金問題に関する労働組合幹部専門講座で職務給の問題を取り上げ、ナショナルセンターや産別幹部によるその講演・質疑の記録を翌一九六一年に『労働組合と賃金　その改革の方向』という書物にして刊行しています。さらに同年五月に開催した個社単組幹部による講演・質疑の記録も『職務給と労働組合』として刊行しました。これらを読むと、当時の労働組合リーダーたちが、労働組合運動の旗印である同一労働同一賃金原則と、政府や経営側が主導する職務給攻勢とのはざまで様々に悩んでいたことが浮かび上がってきます。本節では、これら書物を中心に、今ではその後輩たちからほぼ完全に忘れ去られているであろう六〇年前の労働組合の職務給に対する見解を振り返ってみたいと思います。

(1) ナショナルセンターの温度差

・新産別

当時は同盟結成前なので、ナショナルセンターは総評、全労(=後の同盟)、新産別の三団体です。そのうち、職務給導入に最も前のめりだったのは、最小のナショナルセンターであった全国産業別労働組合連合(新産別)でした。その調査部長であった大谷徹太郎は、「資本家のほうからも、賃金制度をこのさい合理化しようという動きが出れば、非常にけっこうであるし、われわれ労働側も、このさい、そういう条件に乗って、積極的に賃金制度を近代化し、日本の賃金を改革しようという積極的な方向を持つ必要があると思っている」と、極めて積極的な姿勢を示しています。具体的には、「われわれは職務、職種別賃金の導入ということを方向として出し」、その手がかりとして「職務分析を手がけることが必要」だと述べます。ほかの組合の悩みのもとである中高年問題に対しても、「いま一つの問題は、飛躍的改革で制度を切りかえるにあたって、すでに中年を越え高年齢層に足を踏みいれた層の、過去に対する褒賞と利益の保障措置である。生産労働者の場合を考えれば、四五~五〇歳の間で線を引き、性質の異なった賃金制度を併立せしめて時間の経過をまつことが必要であろう。具体的に検討すれば、方途は見つかる」と、かなり楽観的でした。新産別の一九六一年度運動方針も、「旧い年功賃金の矛盾をつき、同一労働同一賃金の方向に賃金制度を改革してゆく。改革は、近代的な職種別、職務別賃金制度の導入によって推進する」と明快です。この新産別の徹底した職務主義のスタンスは、一九四八年の産別民主化同盟旗揚げ以来のものといえましょう。

・全労

かなり積極的な姿勢を見せつつも若干の留保を示すのは、全日本労働組合会議（全労）の和田春生書記長です。和田は最も職業型の組合である海員組合出身であり、「私の記憶によれば、年功序列型賃金を攻撃して、これを直さなくてはいけないというようなことを、わが国の労働運動で一番最初に言い出した者のうちの一人に、私が入っていると考えているが、縦から考えてみても横から考えてみても、こんにちの日本の低賃金構造を特徴づけ、非常に悪い作用を及ぼしているものは、この年功序列型の賃金だと思う」と、のっけからぶちかまします。そして、

「職務を中心にして考えていくという形が、年功序列型の賃金を是正し、同一労働同一賃金へ近づく万能薬であり、これが科学的で、絶対間違いのない合理的なものだということではないけれども、かなり効果のある方法だというふうに考えていいと思う」と、職務給を基本的には肯定します。ただし、「現在のように、賃金決定機構が企業内に限られていて、企業別組合がそれぞれの個別企業と協定して細目まできめるという状態が一般的な場合には、職務給を作るといっても、その基礎になる職務評価の点において、どうしても会社内的、あるいは企業内的になる。封鎖的な評価基準というものが中心になってきて、一般的な共通の評価基準は発見しにくい。したがって、これを万能薬視することは間違いであって、是正の一方法という程度に考えていくべきである」と、企業別職務給の弊害には警鐘を鳴らしていました。

全労が総同盟と合併して全日本労働総同盟（同盟）となった後の一九六六年に出された同盟調査シリーズ6『賃金体系近代化のために　同一労働同一賃金の実現へ』では、年功賃金体系が①低賃金の体系であり、②各種の階層的な賃金序列を形成し、③企業内封鎖賃金であり、④規模別賃金格差を固定し、⑤賃金総額を固定し、⑥同一労働同一賃金原則に反するものだと批判し、職務給の導入を訴えていますが、そこで重要なのはそれが「横断的な賃金」であることだと主張しています。「ところで、同一労働同一賃金は単に企業内についてのみではなく、社会的・横断的にも成立しなければならない。のちにものべるように、日経連は職務給を年功制度と結びつけることによって、企業ごとに分断された形で導入しようとしているが、それは、本来の同一労働同一賃金とはおよそほど遠いものである」。そして、「職務給を実施することが、そのまま、われわれの目指している同一労働同一賃金の実現につながっていくためには、企業をはなれた横断的な賃率が形成されていなければならないし、また、それを崩さないような制度的な保障が必要だということになる。つまり、横断的な労働組合の組織、統一的な団体交渉の制度が確立されていなければならない」と。この留保は、すぐ後の総評のものとは異なり、労働運動の本質に根ざした正しいものであったといいえましょう。

・総評

これらに対し、当時最大のナショナルセンターであった日本労働組合総評議会（総評）の小島健司調査部長は、率直に言ってまともな議論から逃げ回っているような印象を与えます。「私たちは一〇年も二〇年も先の賃金形態を考えていない。総評としては、一〇年先、二〇年先というような長期的な展望に立つ賃金体系についての見解なり、方針なりを出していないだけではなく、そういう考え方を労働組合が持つのは、マイナスこそ多かれ、プラスではないと考えているのである」と、議論すること自体を拒否するような姿勢を示しているのです。その理屈として持ち出すのは、「労働者の搾取によってなりたっている資本主義の下で、労働者が搾取されない『労働者的な賃金形態』というものはありえないわけである。労働者が長期的な展望をもって描き、到達目標とするような賃金形態は、資本主義の下ではありえない」という、まことに大時代的な古めかしいマルクス主義の公式論です。ただし、小島がどこまで本気でこんな空疎な議論を展開していたのかには疑問もあります。というのは、これに続く産別幹部の講演では、総評傘下の全造船や合化労連の幹部も、職務給や横断賃率の問題を真剣に論じているからです。彼らは一〇年先、二〇年先の賃金体系を論じています。

もっともらしいマルクス主義の仮面を剝がすと、論じたくない本当の理由が出てきます。総評の一九六二年度運動方針では、「職務給は同一労働同一賃金を実現するものだという宣伝によって労働者を巻き込もうとする。しかし、それは格差をちじ《ママ》めるだけで労働者の要求とはまったく違う」、「われわれが要求しているのは、たんに、年功なり、男女なりの賃金格差が縮小すればよいということではなく、年配者、男子の賃金を引き上げながら、青年なり婦人なり、臨時工なりの賃金を一層大きく引き上げて短縮する。言い換えれば、同一労働同一賃金は賃金引き上げの原則であって、たんなる配分の原則ではない」と、苦肉の表現をしています。新産別が解決に楽観的であった中高年男性正社員の職務に比した高給問題こそが、総評が職務給反対を唱える根本的な要因なのですが、格差縮小など目標ではないとはっきり言ってしまうと、若者や女性や非正規労働者から非難されかねないため、一見急進的なマルクス主義用語でもって偽装していたわけです。労働者にとってあるべき賃金とは何かを論じることができないような情けないナショナルセンターの姿には、その後の衰退の影が見えるようです。

もっとも、総評自身は傘下産別の賃金担当者を集めて会議を開き、横断賃率を含めて議論を闘わせています。消極的な小島調査部長に対し、各単産はそれぞれに積極的な意見をぶつけており、官公労からも、特に国鉄動力車労働組合（動労）が、「乗務員は、年令のいかんにかかわらず、たとえば東京――静岡の運転というおなじことをやってい」て、「仕事の同一性が明白であるために」、「年功、序列型賃金が労使共にささえきれなくなっている」との声を上げています（総評調査研究所編『これからの賃金体系闘争』『横断賃率論とその批判』労働出版社、一九六一年）。

(2) それぞれに悩む産別

『労働組合と賃金』の二日目は産別編です。総評から全日本造船労働組合（全造船）の西方真一郎副委員長、合成化学産業労働組合連合（合化労連）の岡本明保《はるやす》副執行委員長、日本私鉄労働組合総連合会（私鉄総連）の安恒良一書記長、全労から全国電力労働組合連合会（電労連）の林茂賃対部長、全国繊維産業労働組合同盟（全繊同盟）の井上甫《はじめ》調査部長が登場し、職務給という課題に取り組もうと努力しつつ、それぞれに悩みを吐露しているのです。

・全造船

まず、総評傘下の全造船の西方副委員長の講演の中から、総評が議論したくない原因である世代間対立の問題を率直に述べている部分を引いてみましょう。「われわれが賃金闘争を組むにあたっても、同一労働同一賃金をうたうと、必ず若い労働者諸君から、これはいいことだ、ぜひやってくれといわれる。ところが、年輩労働者諸君には、確かに同一労働同一賃金がいいという理屈はわかる、しかし、おれたちは一体いままで粒粒辛苦して、やっとこの地位になったんだ、これをおびやかすようなことをやってもらっては困るという気持ちが強い。ずいぶん資料を出したり、あるいは説得してみるが、理屈はわかっても、感じとしてどうしても受け入れられないというのが、現場にもたくさんある。こんにちの労働運動が、青年層をどう握るか、会社が握るか組合が握るかにかかっている、ということがよくいわれるけれども、確かに、賃金の問題をめぐっても青年層の意欲をどう的確にとらえて全体の中に消化させていくかということが、組合に課せられた大きな任務だろうと考えている」

ですから全造船は横断賃率の形成にも積極的な姿勢を示します。「全国の横断的な賃金相場の設定ということは確かに大事なことであるが、その前提として、産業別に横断賃金体系を作っていく必要がある。たとえば、全国全産業に共通する職種として、旋盤工とか、あるいは熔接工とか大工とか、共通する職種としていろいろあるが、そういうものをやはり全国いっせいにそろえるという目標が確かに正しいし、そうあるべきだと思う。その前提として、自分のところの産業の中で、まず第一線をそろえていくという形を、ぜひともとっていきたい。そういう形に進んでいかないと、同一労働同一賃金の原則が、かえって内部混乱を起こすもとになってしまう」、そこで、「私たちのこれからの賃金に取りくむ目的・手段としては、少なくとも造船産業の中においては、横断的に賃金相場を設定していきたい」というわけです。そして、これが臨時工問題の解決ともつながっていきます。「私たちは臨時工の問題を取り上げる場合は、やはり臨時工組合の組織化ということではなくて――以前にそういうことをやったことがあるが――臨時工を本工組合の中に入れる形の中から、統一条件に引き上げていく作業をやる、これでこそはじめて地ならし作業もできる」と、総評が逃げ回る問題にも真正面から向かっていこうとしていました。

・合化労連（現JEC連合）

同じく総評傘下の合化労連は、当時の太田薫総評議長の出身組合でもありますが、岡本副執行委員長は冒頭で「正直にいって、合化労連はいま混迷しているといっていいかと思う」と率直に述べています。まずもって、「年功賃金ではどうにもならなくなったということが、経営者側からも労働者側からも出てきた」という事実認識から始まります。「端的にいうと、旧来の熟練工は、転落というか、もう間に合わなくなってしまう。つまり、いままでは名人芸で、工場のその生産のキー・ポイント、中心部を握っていた熟練工の諸君が、いわゆるオートメーション化されてくると、それらの名人芸は要らなくなってしまう。むしろコントロール・ルームというか、自動制御の部屋でたくさんのゲージを見つめているところに工場の中心がある。その仕事をしているのは、新制高等学校を出て三年、五年ぐらいの若い労働者諸君である。そしてその賃金は、年功賃金だと、転落した熟練工諸君の賃金が三万円あるいは四万円であり、かんじんの工場の中枢部を握っている青年労働者の賃金が一万円であり一万五千円である。ここに特に、青年層からの不満が出てくるのは当然だといわなければならない」。

そして、これまでの賃上げ闘争に対して次のように痛切な反省を述べます。「戦後のわれわれの賃上げは、いうまでもなく、電産型からはじまってずっとやってきたわけであるが、極端にいうと、この一五年われわれが実際何をしてきたか。首切り反対をまずやった、それからもう一つは、年功序列賃金をむしろ育成強化してきた。たとえば、われわれは電産型の基本である独身者の生計費という問題を中心に、あるいはマーケット・バスケットとか、いろいろむずかしい言葉を使った。しかし基本的には、たとえば中労委が、全体産業の大学卒のカーブはこういうカーブである、化学産業においてはこうだと書いたカーブを基準にして、私の会社はこうだからここのところがこれだけあいている、だからこれだけ上げてくれという賃上げ方式を、ほとんどの組合がとった。この中労委が書いた線、あるいは合成化学が作った化学産業の線とみずからの組合の線の間をうめるというやり方は、これは、年功序列賃金の育成強化以外の何ものでもないわけである。また、結婚資金をよこせ、社宅だ、退職金だ、なんだかんだというが、結局、社内福祉をよくする運動、つまり、今言った日本の家父長的労務管理、労務政策というものを、労働組合みずからが育成強化する運動をやってきた。これではいつまでたっても、われわれのほんとうの意味での資本との対決もありえない。相手側の作った運動場の中で、われわれはボールを蹴っているにすぎない。相手側の土俵の中で相撲を取っている、こんな状態では、本来の労働者の自立というものはありえなくなってくるわけである」と。

こうした認識に基づいて、合化労連は一九五七年に賃金行動綱領草案をまとめ、その中で「年功賃金から卒業しなければいけない、同一労働同一賃金をめざしていかなければいけないという旗がまず掲げられ」ました。しかしそれを各単組に下ろしていくと、当然のことながら反発が出てきます。「職場へ入ってみて最も大きな疑問は、老年者というか、大体において四〇歳以上の諸君が、同一労働同一賃金の問題は確かに理屈はわかるが、そうなればおれたちはどうなるのだ、おれたちは、いまの年功賃金では、若いときに当然もらうべきであったものをもらわずにきて、いまやっとそれを取り返しつつあるのではないか、そこへ同一労働同一賃金の理論を持ってこられると、おれたちはむしろ減らされて損をする、こういう疑問がある」と。だから混迷状態にあるわけです。

とはいえ、いつまでも混迷状態であってはならないので、当面の闘い方としては「一人前の賃金」を確立することに置かれます。どういうことかその理路を追ってみましょう。「年功賃金、あるいはまた定期昇給がないから、能力がなくて五等化学工を一歩も出られない労働者は、五〇歳になっても五等化学工である。…つまり同一労働同一賃金ということは、結局、能力のない人は、五〇歳でも五等化学工なら五等化学工ということである。そうすると、五〇歳の五等化学工を存在せしめるためには、その賃金の基盤になるものは、当然、標準世帯の生計費でなければならない。そうしなければ五〇歳の五等化学工というものは存在しえないわけである。だから、同一労働同一賃金の場合に一番基盤になるもの、つまり初級熟練労働者の賃金の基盤になるものは、前の電産型のように、独身者の生計費にエンゲル係数をかけてということではなく、標準世帯の生計費でなければならない。つまり、一人前の労働者の賃金は、少なくとも嫁さんと子供の二人ぐらいは養いうる賃金でなければならないということだから、賃金理論としてはまさに革命的なものだといわなければならないと思う」。電産型賃金以来の生活給思想と同一労働同一賃金原則を両立させる連立方程式の解を求めると、職務給の一番下のランクでも家族を扶養しうる生活給でなければならないという結論にならざるを得ません。もっとも、六〇年後の今から振り返ると、女房子供を養う大黒柱というジェンダー意識が横溢する発想であったことも確かです。

・電労連（現電力総連）

全労傘下の電労連は、電産型賃金体系に名を残す電産の崩壊後に電力産業を組織した産別ですが、そもそもその経緯が電産型から職務給への移行という問題に関わっています。電労連の林賃対部長は、電産型賃金体系を「生活保障給を含めた賃金の決定の大部分が、年齢によって決定されていたので、年齢の高い者はきわめて多くの賃金をもらい、年齢の少ないものは低い賃金しか与えられなかった。このことが非常な矛盾をきたしたために、能力給というものをそこに設定して、なんとか矛盾の調整をしようとしたけれども、失敗したわけである」と評し、電労連が行った賃金体系の改定は「最低生活の保障と同一労働同一賃金の二つの大きな原則を再確認し」、「漸次、職務給的な賃金体系に移行しているのが、現在のわれわれの実態である」と述べます。

とはいえ、「同一労働同一賃金という原則を生かすために、いまわれわれがもらっている、年齢給とか勤続給というものをいっぺんに廃止することはできない」。それは「生活保障給的なものを全部撤廃すると食えない賃金になりかねない」からで、だから「生活保障的な手当額は温存をしておく」ということになります。この点について、林は率直にこう述べています、「すべて賃金というのは、原則的にわれわれが考えてみた場合に、食えなくてはなんにもならない。どんなに賃金理論を振りかざしても、労働組合として考える場合には、やはり組合員の実感を的確にとらえて、特に幹部としては、組合員が何を考えているか、何をほしがっているかということを常に実感としておのれの肌に感じながら、なおかつ、そこに理論的な根拠を求めて高い賃金をとっていかなくてはならない。きわめてむずかしいことだろうと思うが、われわれ労働組合の指導者というのは、そういう考え方で進むことが肝要だと思う」。

興味深いのは質疑応答で、「職務給は人に対してではなくて、職務に対して支払われるものであるはずなのに、そういう職務給についてなぜ人事考課をやるか」という鋭い質問に対して、「いまの日本の賃金体系では、人事考課によって、それぞれ個人に賃金を配付する方法がとられている。したがって、職務給とは名ばかりであって、その大部分は人事考課によってやられているのが実情である。ただ、人事考課に真っ向から反対をすることは、いまの場合できない。なぜならば、職務給が完全に設定されて、その職務にそれぞれ賃金がはりつけられるという事態になれば、人事考課のウエイトが少なくなってくると思うが、明確な基準によって設定をされていない現在は、人事考課によってやることはやむをえない方法である」と、実態が職務給にはほど遠いことを率直に認めています。

・全繊同盟（現UAゼンセン）

一方同じ全労傘下の全繊同盟は、当時は今のUAゼンセンとは異なってほぼ繊維産業の産別であり、「大体ほとんどが新中卒一五歳で入ってくる年少の女子であるから、平均勤続年数がせいぜい四、五年で、結婚による自然退社が行なわれ、自然減耗率が激しい」という特徴がありました。そこで、井上調査部長は、「いわゆる現在の属人的な賃金のきめ方を廃止していって、同一職種については同一の賃金が支払われるような、いわゆる職種別賃金を確立していく方向が望ましい」と述べ、それも、「各企業間でバラバラに決めるのでなく、産業別統一闘争によるところの、職種別あるいは熟練度別の横断的な賃金率を、産業別の統一労働協約の線で獲得していく、こういう闘いが、今後の展望として、一つの理想的な方向として考えられなければならない」と論じます。

しかし経営側が唱道する職務給には、「確かに職務給は、賃金決定にさいして、従来の属人給的な要素から離れて、一応、科学的な職務評価を通じて、職務によって決定されるということがいわれる。もしも、その評価の根拠がきわめて客観的で、かつ公正妥当なものであるならば問題はないが、それはほとんど不可能に近いであろう」とかなり懐疑的な姿勢を示します。とはいえ、総評のように「ただ職務給はよくないものだと頭からきめつけたり、これは労働者組織を寸断する一つの手段、方法であるというような、ノイローゼ的な気分になって、観念的に反対することは当然避けなければならぬ」ので、「相当長時間をかけて、労使が真剣に別個の協議機関（専門委員会）を持つとか、相当時間をかけ、かつ継続的に検討してゆく必要がある」と述べます。

こちらも質疑応答が興味深く、職種別賃金と職務給はどう違うのかという質問に対して、次のように丁寧に答えています。「職務給というようなものは、各企業間でもってきめられるものだと思う。一方、私どもの考える職種別賃金というのは、そういう企業間できめられるものではなくて、社会的な一つのレベル、あるいは、もっと全体的な客観的な基準にもとづいて決定されるものだ。…だから、ちょっとみると同じような形のようにとられるけれども、職務給は視野が全然狭いものだし、われわれが考えている職種別賃金は、もっと大きな立場からいっているのだ」と答えています。

(3) 単組の試み

続いて出された『職務給と労働組合』のほうは、昭和電工、いすゞ自動車、東京電力という三社の単組と、日興電機、十条製紙という二社の経営側が登場し、具体的な職務給導入の問題点を議論しています。ここでは単組の三ケースをざっと見ておきますが、真の意味での職務給を導入したといえるようなケースは見当たりません。

・昭和電工（現レゾナック）

合化労連傘下の昭和電工労組は、一九五三年に会社側から職務給導入が提案され、組合は猛反発して争議となりましたが、結局導入されています。組合の反対理由として挙げられている諸点が大変興味深く、「組合員間の左右の信義と友愛を断ち切られるという問題として、組合員は職務評価の結果、賃金に格差の生ずることに対して、その評価に対してよりも感情的に反目する弱い面を持っていることに注目しなければならない」とか、「会社は、いたずらに高次の数式を用いたり、あるいは専門語を用いて、こういうものを出せば非常に科学的であるというごまかしをわれわれに押しつけておるのではないか」などと述べています。

・いすゞ自動車

これに対して、いすゞ自動車では労働組合側が、現場から「従来の年功序列賃金から脱皮して、新しい賃金体系に移行する必要があるのじゃないだろうか」という具体的な声が出てきたことを受けて、会社側に賃金改定の要求をし、交渉の結果新基本給制度の成案を得たという対照的な推移です。ちなみに、組合側の要求項目には、「賃金形態を簡素化すること」「各人の現行賃金は絶対に下げないこと」「不遇者［途中入社等］を救済すること」「労働の質に応じ、報いられる賃金への是正を行うこと」などが並んでいます。この不遇者の救済というのは興味深い論点で、日本型雇用の新卒採用から外れた者が不利益を被るという今日まで続く問題点が、この段階で組合側から指摘されているのは注目に値します。説明では、「『積上げ式昇給方式』を『能力の伸長度に応ずる昇給方式』に改訂し、制度的に不遇者発生の可能性を解消した」とあり、その結果は後に職能給と呼ばれることになるものであって、職務給とはいえません。逆にいえば組合側にとって年功制の不合理を是正した望ましい賃金形態を模索すると職能給に近づくということを示しているのかも知れません。

・東京電力

一方、電産型賃金体系の本家であった東京電力では、職場の中から「はげみのある賃金」に変更すべきという声が高まり、最低生活保障と同一労働同一賃金の二大原則を満たす賃金体系に改訂するべく、会社側と交渉を行い、生活保障的な職務給が導入されたということです。それは、職務分析、職務評価により職務給を運用しつつ、毎年の昇給に当たり人事考課を行い、かつ最低保障賃金を設定するという混合型で、職務給とは言いがたいものです。

このように、単組レベルの動向を見ると、ナショナルセンターや産別レベルの威勢のいい掛け声は影を潜め、日本社会に職務給を導入することがいかに難しいかを実感させます。そもそも本書自体、ナショナルセンターと産別編に続いて単組編を出そうとした企画なのでしょうが、肝心の職務給を導入した単組が集まらず、経営側の二社を併せ、さらに学者（藤田忠、西宮輝明、弥富賢之）による職務評価の方法まで束ねて何とか一冊にしたという始末になっています。全体を通しての解説役は、当時経済企画庁調査局長であった金子美雄ですが、彼は最後の「職務給制度の現実と展望」でこう語っていました。「日本の現在の賃金体系、現在までの年功序列賃金体系には非常な多くの欠陥があるから、今後それに労働の質という要素を加えていくという形で是正しなければならぬということは、わが国の賃金体系の合理化についての大原則であります。その大原則を、同一労働同一賃金というスローガンで表現することは結構ですが、現実に同一労働同一賃金の形を実現するまでには、まだ幾多の経るべき段階があります。スローガンだけで足もとを忘れてはならない。一歩ずつ漸進的に進んで行くことが、基本的な態度でなければならないと思います」

3　政府の職務給指向

一九五〇年代半ばから一九七〇年代半ばまでの高度経済成長期は、政府が経営側と並んで、あるいはそれ以上に熱心に、職務給の導入を唱道していた時代です。本書の「はじめに」で岸田文雄首相と並べて取り上げた池田勇人首相の発言や当時の政府文書を見ると、当時の熱意がひしひしと伝わってきます。改めてこの時代の政府の賃金制度に関する政策を振り返ってみましょう。

(1) 経済計画等における職務給唱道

本書の「はじめに」で既に引用しましたが、一九六〇年一二月二七日に閣議決定された『国民所得倍増計画』の第4部「国民生活の将来」の第1章「雇用の近代化」では、次のような将来像が描き出されていました。

労務管理制度も年功序列的な制度から職能に応じた労務管理制度へと進化していくであろう。それは年功序列制度がややもすると若くして能力のある者の不満意識を生むとともに、大過なく企業に勤めれば俸給も上昇していくことから創意に欠ける労働力を生み出す面があるが、技術革新時代の経済発展をになう基幹的労働力として総合的判断力に富む労働力が要求されるようになるからである。企業のこのような労務管理体制の近代化は、学校教育や職業訓練の充実による高質労働力の供給を十分活用しうる条件となろう。労務管理体制の変化は、賃金、雇用の企業別封鎖性をこえて、同一労働同一賃金原則の浸透、労働移動の円滑化をもたらし、労働組合の組織も産業別あるいは地域別のものとなる一つの条件が生まれてくるであろう。

この記述の基になった経済審議会賃金雇用小委員会報告を読むと、当時の日本社会の在り方に極めて厳しい批判的まなざしを向けていたことがわかります。

日本における賃金、雇用の特殊性は、経営家族主義的労務管理——とくに大企業における生涯雇用的慣行と、それにもとず《ママ》く年功序列型賃金体系に代表される——によって支えられるところが大きい。この特殊性は経済全体に浸透しており、賃金雇用の諸側面に多くの歪みをもたらしている。たとえば、それが労働移動を阻害し、賃金格差を作り出してきた条件になっていることは否定できない。また、これによって、青、若年層の賃金を低く固定し、同一労働同一賃金の原則に対して大きな隘路になっていたことも事実であろう。そこで作り出されたアンバランスな賃金体系が労働意欲を喪失せしめている向もある。しかし、技術革新の進展と前記のような諸条件が生じ、労働移動のための諸政策がとられることによって、労務管理体制のありかたも変化せざるをえないであろう。

ここに示された考え方をさらに細かく敷衍《ふえん》しているのが、一九六三年一月一四日に池田首相に提出された経済審議会の『人的能力政策に関する答申』です。当時の政府の考え方を端的に示しているものなので、やや長いですが引用しておきます。

(4) 経営秩序近代化の方向

経営秩序近代化の第一歩は、従来なかば無規定的であった労働給付の内容を職務ごとに確定すること、すなわち職務要件の明確化にはじまる。職務要件の明確化は技術革新に伴って多様化する職務を分析し、その結果各職務を職務内容と能力条件の類似度によって配列し、職務群によって組織化することである。職務要件を明確にすることは企業内の賃金制度や昇進制度を公正で秩序あるものとするための基本となるものである。

(イ) 賃金の職務給化

今後の賃金制度の方向としては、公平な職務要件にもとずく《ママ》人事制度を前提とする職務給が考えられる。すなわち職務給のもとで職務評価によって公平に職務間の賃率の差を定めることができるとともに、個個の職務においては同一労働同一賃金の原則が貫かれる。

新しい技術に即した職務要件の形成とその評価が労使双方において承認されれば、個個の労働者の従事しうる職務は個個の労働者の技能によって定められ、したがって個個の労働者の賃金もまた技能によって上下し、技能が飽和点に達すれば賃金は頭打ちとなる。……

　ところでわが国企業経営における職務給導入の現実はどうか。職務給に対しては、それが将来あるべき賃金形態であることを認識しながらも、現状においてはその導入は遅遅として進まないのが実状であろう。その原因は、第一に年功賃金のごとく、年功的秩序の物質的な基礎として歴史的に形成され、長期にわたってわが国の経営秩序を支えてきたものを急激に変更することが困難であること。第二に、労働組合においては、現在の賃金水準との関係および職務評価に対する懸念等から何よりも賃金引上げに関心が向けられており、またことに中高年齢層には子弟の教育等家計に対する顧慮にもとず《ママ》く反対が強いこと。第三に、使用者の側においても年功秩序を支持する声もあり、さらに職務給移行に当っては多額の原資を必要とすること。第四に、職務給導入の前提となる職務要件にもとづく人事制度が未整備なこと等である。

　それでは職務給に移行してゆくことはどのようにして達成できるであろうか。くり返すまでもなく賃金制度の急激な変更は困難なので、まず従来の賃金の一部を職務給に切りかえて漸次この職務給部分の比率を高めていくことが必要である。つぎに職務給部分の比率がある程度高められ、また前提的な諸条件が整備されたところで職務給を中心とする賃金制度に切り換えられることになろう。この場合当然初期においては賃金に占める職務給部分の比率は小さい。しかし職務給への転換期には何よりも職務給部分とそれ以外の部分を明確に区分して職務給を育成していくことがのぞましい。それと同時に各個人の現行賃金水準が引き下げられないように留意するとともに、最下位の職務の賃金であっても、賃金の社会水準を参考にして生活保障の裏付けを行なうことが当然必要であり、とくに中高年齢層に対しては慎重な配慮が払われなければならない。

この思想は一九六〇年代を通じて唱えられ続けました。一九六五年一月二二日に閣議決定された『中期経済計画』では、「労働力の流動化と有効活用を阻害する原因として問題とされる年功的雇用賃金管理体制は、労働市場の封鎖性とそれに基づく終身雇用慣行によるもの」と断じ、「これらの慣行の近代化を促進するための施策を講ずる必要がある」と訴えていますし、一九六七年三月一三日の『経済社会発展計画』でも、「労働力の活用をはばんできた各種の雇用・賃金制度および慣行の近代化をはかる」と述べ、一九七〇年五月一日の『新経済社会発展計画』でも、「わが国の歴史的・社会的慣習と若年労働力の豊富な供給のもとで成立した年功賃金制度や封鎖的な雇用慣行などを改め、職務や能力に応じた賃金・雇用制度を進めること」

を掲げています。

(2) 労働行政等における職務給推進

一方労働行政においても、一九五九年五月三〇日の雇用審議会答申第二号は、「単なる年功による賃金の格付けを同一労働同一賃金の方向に漸次接近させることによって、労働市場の封鎖性の解消に資すべきである」と述べていましたし、一九六五年一二月一七日の雇用審議会答申第七号も「近代的労働市場の形成」を看板に掲げ、職業能力と職種を中心とする労働市場を形成することによって、労働力の流動性を高めるとともに、「年功序列型の雇用賃金慣行の改善」を示していました。この思想が法制化されたのが一九六六年七月二一日に制定された雇用対策法(現在の労働施策総合推進法)であり、これに基づいて一九六七年三月一四日に策定されたのが第一次雇用対策基本計画です。この時期の労働市場政策は、企業内の雇用安定を重視する内部労働市場政策ではなく、労働力の流動性を重視する外部労働市場政策に立っていました。

この流れの中でも、とりわけ賃金制度改革に積極的であったのは労働基準行政です。一九六二年五月にそれまでの賃金課を拡充して賃金部が設置されましたが、その業務として「賃金制度の整備改善に関する資料及び情報の提供等を通じて企業の賃金管理改善を援助する」ことが明記され、賃金部は早速『賃金制度改善事例』『職務給の解説』などの資料を作成し、都道府県労働基準局や監督署を通じて指導援助を行いました。この事業は一九六〇年代を通じて積極的に進められていきます。

一九六三年一〇月には、「最近における雇用労働諸情勢の推移に伴って生じつつある賃金制度等に関する諸問題について」調査研究を行うため、賃金研究会が設置されています。労使から意見を聞いた後、一九六四年八月に労働力流動性小委員会から報告された『賃金制度と労働力の流動性について（中間報告）』では、「労働力の流動性を促進するための賃金制度の方向は、…基本的には近代的な労働市場のもとにおける労働の質と量とに対応する賃金を形成することであると考えられる」と述べています。

行政面では一九六七年七月から主要労働基準局及び監督署に賃金相談室を設け、賃金相談員を置いて懇切な相談に応じることとしました。一九七一年一二月には、この相談に資するための浩瀚《こうかん》なハンドブック『賃金制度改善要領』が作成されています。

なお一九六五年八月、中央雇用対策協議会が示した『中高年齢層雇用促進のための企業における労務管理近代化の方向』においても、「年功賃金体系は中高年齢者の受入れ、あるいは流動化について重要な阻害要因となっている」として「その基本的な解決は人事管理の合理化と同じく、…近代的賃金体系を漸進的に導入すること以外にはない」と述べていました。

一方、通商産業省（現経済産業省）の産業合理化審議会は一九五四年四月に『職務評価に基づく職務給制度』で賃金制度の近代化を唱道していましたが、一九六五年三月には産業構造審議会の『職務給制度の導入とその運営上の諸問題』で、「企業はどうしても早晩職務《ママ》　制度に切り替えなければ、労務管理の安定を期することができないような情勢に移りつつある」と述べ、「困難があるにしても、あえて改革を行なうことは時代の要請である。それが一日早ければそれだけ企業のプラスになる」と煽りつつ、職務分析、職務評価に基づく賃金額決定の具体的な手法を示し、その普及を呼びかけています。

第5章　安定成長期の賃金制度

1　賃金制度論の無風時代

さて、職務給への対応に悩んでいた労働組合や、高らかに唱道していた政府を尻目に、肝心の日経連は一九六〇年代後半の段階で職務主義を放棄し、能力主義に転換していました。それを宣言したのが、一九六九年二月の『能力主義管理』であったことは前述した通りです。そして、大変興味深いのは、これを契機にしてこれ以後賃金制度の問題が労使間でもはや議論にならなくなってしまったということです。口先では同一労働同一賃金を唱えながら、本音では年功制を維持したいと考えていた労働組合側にとって、日経連の転換は好都合なものだったのでしょう。政府はそうすぐに身を翻すことはできず、一九七〇年代初頭の時期まで職務主義的なスタンスをとり続けますが、一九七三年に発生した石油ショックにより、労働政策の方向性がそれまでの外部労働市場指向から内部労働市場指向に一八〇度転換していきます。

賃金制度論という観点から見れば、これは賃金制度自体がもはや真剣な議論の対象にはならなくなったということを意味します。正確に言えば、生活給か職務給かといったかつての深刻な対立図式の中の議論が消え去り、年功的に運用される職能給という基本枠組みを誰もが共有している中で、その職能給をどのように運用するのがよいのかといった技術的な次元の議論だけが行われるようになった時代です。

一九六四年九月に設置された日経連職務分析センターは、その職務志向の名前を維持したまま、もっぱら職能給の技術的指導に挺身していくことになります。一九六九年六月の『能力主義時代の人事考課』、一九七二年一一月の『新能力管理論』、一九八〇年二月の『新職能資格制度』、一九八二年七月の『職能資格基準のつくり方』等々、その編者名にのみ「職務分析」という職務給指向時代の形跡を残すのみでした。職能給しか選択肢がない時代には、その運用方法をめぐっての技術的議論はあっても、賃金制度はそもそもいかにあるべきかなどという大上段に振りかぶった議論は存在し得ません。

なお、このうち一九八〇年の『新職能資格制度』の巻末近い部分では、職務給志向から職能給志向への歴史的展開を次のように描き出しています。日経連自身の自己反省を含んだ自己認識として大変興味深いものです。

> …輸入した職務中心の諸制度が、日本の雇用慣行の実際に必ずしも適合しないことが、この頃から続々と検証されることになる。職務観念が未熟な上に、日本的雇用慣行である学歴年功的な処遇や昇進システムのほうが、従業員のメンタリティにピッタリと噛み合っており、無理して昇進や賃金の管理を職務中心で割り切って押《ママ》し進めると、むしろマイナスの効果のほうが大きくなる。長年の慣行をベースにした従業員の昇進への期待感や昇給への満足感を無視した人事制度は、モラールの点からみても重大であるという反省が出てくる。
>
> 折から、終戦以来の生活給体系を脱却した、より合理的賃金体系確立への要望が高まってくる。…こんな背景が重なりあう中から、合理的賃金体系として、従事する職務そのものによって直接的に決める賃金システムよりも、従業員個々人の職務遂行能力にもとづいて賃金を決める方法、すなわち、職能給の方向が明らかにされてくる。…
>
> 職務の体系にそって、企業秩序を形成しようとした試みが挫折し、むしろ、職務の体系を念頭におきつつ、能力の体系をつくり、これによって昇進や職務の配分や賃金管理を行なうという発想から出てきたのが職能資格制度であるが、この体系は、おおむね、昭和四〇年代前半までに各社で形が整えられ、定着化の方向に進んだ。

ちなみに、賃金制度論において生活給から職務給が焦点となっていた時代には、戦時中から戦後にかけて賃金政策に携わった金子美雄が官庁エコノミストとして賃金論壇をリードしていましたが、一九七〇年代以降になると同じ労働省出身の楠田丘が賃金管理の専門家として活躍するようになります。ただし、後述するように政府の労働政策としては賃金制度論は完全に消滅し、楠田は日本賃金研究センターという民間団体の賃金コンサルタントとして各企業の賃金制度設計にアドバイスを行っていきます。

この日本賃金研究センターというのは、産業労働調査所が一九七〇年に金子美雄、孫田良平、楠田丘らを引き抜いて設立した賃金問題の専門研究機関です。産業労働調査所というのは一九三八年に設立された民間団体で、一九九五年に産労総合研究所に改名し、現在も『労働判例』、『賃金事情』、『労務事情』といった人事労務関係の雑誌を刊行しています。引き抜いたといっても、金子は既に労働省労働統計調査局長、経済企画庁調査局長等を経て当時は外郭団体にいましたし、孫田も中労委事務局調整第一課長を退官したところで、いわば看板役でしたが、楠田はまだ四〇代半ばで、それからの二〇年間は楠田理論が日本の職能給の代名詞といわれるほどに引っ張りだこになっていきます。

2 中高年・管理職問題と職能給

しかしながら、この賃金制度論の無風時代の間にも、やがて年功的職能給を揺るがすことになる二つの要因が徐々に拡大していたのです。一つ目は内在的な要因であり、ピラミッド型人口構成の下ではあまり目立たなかった中高年・管理職問題が、中高年齢層の拡大による逆ピラミッド型人口構成への変化によって露呈し、改めて年功制への対応を迫られていくことになります。もう一つは外在的な要因であり、以上述べてきたような賃金制度論が一切目を向けることのなかった非正規労働者層の拡大が、既に決着済みであったはずの同一労働同一賃金の問題を再び議論の土俵に乗せていくことになります。ただ、これらが大きな問題となるのは一九九〇年代半ば以降ですので、この時代はまだ賃金制度の在り方に関わる議論としては登場してきません。

ただ、この時代の膨大な職能給に係る実務解説書の中にも、その後大きな問題に発展していくテーマが顔を出しています。一九八〇年の『新職能資格制度』は、その意味でも興味深い本です。そこでは、一九七七年の『管理職——活用と処遇』を受けて、「管理職のかなりの数が、管理職とは名ばかりで、部下を統率・指揮する機会も、あるいは、管理職として過去に培った豊かな経験や熟練度にふさわしい、価値ある仕事も与えられないまま、いわゆる、企業内浪人と化し、世にいう『窓際族』として、座して定年到達日だけを待っている状態が目につき始めている」と指摘し、「『同期の桜』意識を尊重する人事慣行をそのまま続けていくことが、事実上、不可能になる客観条件が顕在化してきている」ので、「管理職人事制度そのものの考え方を大転換しない限り、これに対する解決策はありえない」と危機感をあらわにしているのです。
ではどうするべきなのか。「もしもそれを抜本的に改革しようとすれば、人事管理の基盤である雇用システムそのものにメスをいれる外科手術によってはじめて解決が可能になる」のですが、当時の時代精神を反映してそれに対しては否定的で、「人事制度の改革は、一方により合理性を求めつつ、また、一方に企業を構成するメンバーのコンセンサスと納得を前提とした、漸進的方法を積み上げていくこと以外に、適切な手段はない」と述べて、役職位体系と処遇体系の分離という処方箋を提示します。そして、職能資格制度こそそれにふさわしい制度であると推奨するのです。

組織上の地位、すなわち、役職位の体系と、社内での格付けや賃金などの処遇の体系を峻別して運営する方向である。

これまでの役職位は、全く処遇と密着していた。つまり、役職序列の上昇は、そのまま自動的に賃金水準の上昇に連動していたし、その結果、部門の格は、その部門を管理する者の格を反映し、社内ステイタスのシンボルとなっていたのである。

しかし、企業活動が多様化し、経営ニーズに即応した弾力的組織編成が必要になってくると、このような役職位と処遇との密着はむしろ桎梏《しっこく》となる。…

そのために、役職位の管理と処遇の管理を峻別することが考えられる。すなわち、役職位はあくまで組織運営上の役割と割り切り、必要な人材を自由に配置して、能力の発揮の場を存分に与える一方、処遇体系は役職位と切り離した別の制度で行なう方法である。この処遇体系の支柱として、職能資格制度がクローズアップされるのである。…

職能資格制度は、組織のフラット化や、スタッフ管理職と専門職の活用を実質的に可能とする基盤を形成する。そして、多様化した管理職レベルの人材を、横に公平につなぐ処遇基準である。


文章の上ではこういうきれいごとになりますが、これによって生み出されたのは、管理職としての役割を果たさない実質ヒラの社員に、その年功を根拠に管理職並みの高給を払い続けるという実態でした。スタッフ管理職や専門職としてその肩書き通りの機能を果たしている中高年社員はほとんどいなかったからです。しかしながら、日本経済の高いパフォーマンスが世界的に注目されていたこの時代には、年功昇格・年功昇給を維持する代わりに年功昇進を断ち切り、企業内で重要な仕事を少数精鋭の選ばれた者だけに委ねることのできる合理的な仕組みとして、多くの企業が取り入れていきました。いずれにしても、こうして役職と職能資格の分離を前面に出した制度を、日経連は「新職能資格制度」と呼び、「同一資格同一賃金」の原則が実現すると賞賛したのです。

この発想が見直されるのは一九八九年八月の『職能資格制度と職務調査』で、「職能資格基準や昇格基準が役職との関係において明確にされない限りそれらの基準は何の意味ももたないことになるため、運用上、処遇の一人歩きを抑えることができなくなり、ひいては何の裏付けもない、あるいは実態に即しない職能資格となって、それ自体が認知されなくなる恐れすらある」と厳しく批判し、「役職と資格は本来完全に分離すべきものではなく、あくまで役職との関係を基本におき、役職と資格との間には一定の対応関係を持たせていくべき」と主張するに至っています。

3 定年延長と賃金制度改革

この時期は賃金制度論の無風時代であったといいました。一九六〇年代にはあれほど熱心に職務給を唱道していた政府も、この時期には雇用維持政策を最優先に掲げ、後述のように年功賃金を当然に前提とするような制度をいくつも作っています。労働基準局の賃金部も、賃金制度の近代化などという寝言はさておいて、最低賃金政策にのみ専念するようになりました。

ところが、ある分野だけは年功賃金の改革がなお喫緊の課題として残されました。それは高齢者雇用政策であり、なかんずく定年延長という政策課題と密接に絡んでいました。既に一九六七年三月一四日の第一次雇用対策基本計画が、中高年齢者の雇用問題は生涯雇用、年功序列賃金制度に根強く関連しており、これら制度、慣行の改善が必要だとしていましたが、一九七〇年代に入り五五歳定年の引上げが重要な政策課題になってくると、続々と賃金制度改革を求める政策文書が策定されていきます。

一九七二年八月二三日には、雇用政策調査研究会中間報告が「定年の延長を妨げている大きな要因」である「年功的な賃金体系にもとづく賃金原資の増大と人事の停滞」を解決すべきと述べ、また同年一二月八日の賃金研究会報告『定年延長と賃金制度について』が、定年延長を促進するための賃金制度の方向として、近代的な労働市場の下における労働の質と量に応じた機能的な賃金制度に向かうべきとし、「高年齢になってまで勤続年数が伸びたことのみを理由として賃金を増加させる必要は疑問」であり、「少なくとも、現在の定年年齢である五五歳を過ぎてまで持続する必要はない」と断じ、当面の対処の方向として、「五五歳定年時の賃金のままで定年を延長し、その後は定期昇給を行なわない」という方法を提示しています。

これらの報告を背景に、一九七三年から定年延長が高齢者雇用対策の最重点課題として推進されることになり、同年一月三〇日の第二次雇用対策基本計画でも、計画期間中に六〇歳を目標に定年を延長することとそのための年功序列賃金制度や人事管理の在り方の検討が打ち出されました。労働事務次官から都道府県知事・労働基準局長あてに通達された『定年延長の促進』でも「雇用・賃金制度等についての必要な改善」に向けた「労使の自主的努力を助長」することが重要としています。

この直後に石油ショックが起こり、雇用政策は一斉に内部労働市場中心の雇用維持政策に転換し、日本的雇用慣行は改革すべき対象ではなく、維持発展させるべき資産と見なされるようになりました。この観点からすると、定年延長政策は既に雇用維持に焦点を合わせていたという点ではこれを先取りしていたともいえますが、年功賃金制の改革の必要性という点では六〇年代の問題意識を辛うじて残した分野であったともいえます。

もはや職能資格制が一般化し、職務給志向は消え去った時代であったため、その言い回しはかなり変わってきていますが、一九七七年一二月の賃金制度研究会報告『定年延長とこれからの賃金制度』は、「定年延長を阻害している年功的自動昇給を四五歳~五〇歳程度以上の年齢層についてはストップし、このような年齢層については仕事や能力に応じて昇給するようなシステムに改善」すべきとし、具体的な改善要領として、昇給の減額、昇給のストップに加えて、賃金水準そのものの減額も挙げています。

法制的には、六〇歳定年延長問題は、一九八六年の努力義務規定化で一応の決着がつけられ、一九九四年の法的義務化で最終決着がつけられましたが、この間二〇年以上にわたり、定年延長指導という形で、賃金制度改革が労働法政策の一分野を構成し続けていたことは記憶にとどめられるべきです。そして、この定年延長指導を受けて一九八三年に五五歳定年を六〇歳に延長するとともに五五歳以降の賃金を大幅に引き下げた事例が、就業規則の不利益変更で有名な第四銀行事件（最二小判平成九年二月二八日労判七一〇号一二頁）でした。それに対して、みちのく銀行事件（最一小判平成一二年九月七日労判七八七号六頁）は、もともと六〇歳定年だった企業が一九八六年に五五歳以降の賃金減額を導入した事例です。両者は合理性の判断で結論が分かれましたが、その最大の理由は定年延長という公共政策的必要性が認められるか否かにあったように思われます。

一九八〇年代という日本型雇用システム礼賛の最盛期に起こった二つの事案に対する判例は、賃金制度改革をあくまでも中高年齢者の既得権の不利益変更という枠組みで捉え、定年延長という公共政策課題との関係で合理性を判断するという点で、まさに時代の精神を反映するものであったと評せましょう。そこには、改革以前の年功賃金制について、同一労働同一賃金原則から規範的に評価を加えるというような発想は全く見当たりません。

第6章　低成長期の賃金制度

1　日経連（経団連）は能力から成果と職務へ

⑴『新時代の「日本的経営」』とその前後

約二〇年間の無風時代を通り過ぎて、賃金制度論が再び議論の俎上に載せられるようになってきたのは一九九〇年代です。ただし、それはかつての職務給指向の単純な復活というわけではありませんでした。いや、局所的には職務給指向が復活した面もあったのですが、この時代を代表する日経連の報告書として有名な一九九五年五月の『新時代の「日本的経営」』は、職能給を維持しつつ、年功性を薄めて業績により差をつけるいわゆる成果主義を提示したのです。

一般的には、この報告書は雇用ポートフォリオといわれる三つの雇用類型を提起したことで知られています。従来の長期継続雇用の考え方に基づく「長期蓄積能力活用型」に加えて、長期雇用を前提とせずに専門的能力でもって応える「高度専門能力活用型」、従来のパート、アルバイトの延長線上の「雇用柔軟型」で、これがその後の非正規労働の拡大をもたらし、日本の労働社会を悲惨なものにしたという非難を受ける原因となってきました。もっとも、雇用柔軟型の非正規労働者はそれ以前から一定割合存在していたのであり、その時代にはほとんど社会問題として議論されることもなかったのですから、この非難はやや筋違いの感があります。むしろ、大きく打ち出されたはずの「高度専門能力活用型」がほとんど不発に終わり、契約社員や派遣社員といった新たな非正規労働者層がパート、アルバイトと同じ雇用柔軟型として処遇されていったことに問題があったというべきでしょう。

本書では雇用ポートフォリオ論それ自体よりも、それぞれのグループに適用されるべき賃金制度論に注目します。まず総論としてこう述べます。

> 長期蓄積能力活用型グループについては、一定の資格まで「職能給」と「年齢給」の二本立てとするが、主体は「職能給」にしたり、年功的要素を多少考慮した「職能給」一本にし、それ以上のクラスについては裁量労働の拡大適用を図り、専門職・監督職・管理職とともに「洗い替え方式（複数賃率表）による職能給」ないしは「年俸制」の導入などを推進していくことが考えられる。
>
> また、高度専門能力活用型のグループに対しては「年俸制」を適用する。

雇用柔軟型グループについては、仕事の内容に応じて「職務給」などが検討されるべきであろう。

このように、日経連の考え方はかなり保守的で、正社員に関する限りあくまでも職能給の延長線上に、「従来の比較的一本調子の右肩上がりの賃金カーブから、ある一定資格以上は業績によって上下に格差が開く、いわばラッパ型の賃金管理を志向」するものでした。従業員の能力が現在格付けされている職能の期待水準を維持できなくなった場合にも、本来は降格、降給すべきだとしつつも、それが難しい場合は資格は落とさず昇給を停止抑制するとか、賞与の査定幅で調整するといった微温的な対応を示しています。とはいえ、上層部については洗い替え方式(つまり降給あり)の職能給と並んで年俸制という選択肢を提示しており、これが(概念的には本来必ずしも一致するものではないはずですが)業績に基づく賃金決定たる成果主義として、多くの企業によって取り入れられていくことになります。この時期に登場した成果主義の大部分は、目標管理制度等により労働者個人の成果を厳しく査定し、格差を拡大し、全体としての昇給カーブを抑制しようとするものでした。

なお、この報告書の中ではごくわずかしか触れられていませんが、雇用柔軟型の賃金制度として「職務給」という言葉が久しぶりに復活したことは注目すべき点です。これまでの賃金制度論では全く視野にも入っていなかった非正規労働者について、かつて日経連自身が正規労働者向けに推進していた職務給がふさわしいことを初めて認知したものだからです。

この前後に日経連職務分析センター（この期に及んで未だにジョブ型志向の名称！）が刊行した実務書を見ていくと、当時の日経連の考え方がより細かくわかります。まず、一九九四年六月の『新時代の管理職処遇』は、職務概念に対する人概念の優位性や継続的競争原理としての年功など、職能資格制度を基本的には擁護しつつ、管理職層では職能資格基準の有効性が低く、資格と職務のギャップが大きいといった問題点を指摘し、また専門職制度については、管理職ポストに就かない者のモラールの維持を図るための処遇的専門職制度がマイナス機能しか果たさなくなるといったことを指摘し、管理職については職能給であっても年齢や勤続による自動昇給の仕組みは排除すべきであり、積み上げ方式ではなく洗い替え方式とし、賃金制度自体を一般職とは切り離して年俸制を導入するといったことも提起しています。なお高年齢管理職については、人事の停滞を防止するための役職定年制度や早期退職優遇制度を提示していますが、企業の活力を維持するためには年齢を理由にして排除しなければならないような無能な者を、職務遂行能力があると称して管理職に置いていたことの矛盾には言及がありません。

一九九六年三月の『日本型年俸制の設計と運用』は、管理職や専門職向けの賃金制度として『新時代の「日本的経営」』で打ち出された年俸制について、職務給（担当職務の価値）、業績給

（担当職務を通じた業績）、調整給（期待給、職能資格給など）からなるものとして設計しています。この職務給が年俸の中で比較的大きなウェートを占めることからも、これは上級労働者層における職務給の復活と見てよいでしょう。また業績給も、あくまでも担当職務を通じた業績評価によるものなので、職務が不明確なまま目標管理制度で行われる職能給下の成果主義とは一線を画しています。同書は職務記述、職務の分類、職務評価といった作業のやり方を詳述し、その上で業績評価の手順、年俸額の決定方法を解説しています。業績によって差をつける成果主義の基礎構造として、「職務」への着目が復活したものといえますが、差をつけるところに重点があるので、純粋の職務給というわけではありません。

一方、一九九九年三月の『これからの一般職賃金』は、一般社員層について職務の性格を定型的職務と非定型的職務に区分し、前者には職務給、後者には職能給を振り当てるという考え方を提示しました。この定型的職務への職務給という考え方は注目に値します。三〇年間不似合いであった職務分析センターという名称がようやく似合ってきたというべきでしょうか。同書が冒頭で述べる次の叙述は、日経連が遂に生活給という本音を隠してきた職務遂行能力という虚構の仮面を剝がし始めた感があります。

従来の年功型賃金体系はこの点について以下のように説明する。すなわち、勤続によって職務習熟度が増していけば、それにつれて生産性も向上し、企業業績に対する貢献度も増していく。そしてそれが加齢に伴う結婚、子女養育、持ち家取得といった生計費の増加とほぼパラレルである。これは演繹的な事実であった。特に、本書で研究する若年層（一般社員層）では明白な事実であった。職人的な技能の習熟が要求されるブルーカラーの業務でも経験が職務成果の大きな要素となるホワイトカラーの業務でも、少なくとも新卒入社7～8年の間は勤続による時間の積み重ねが成果と高い相関関係を持っていた。だが一定期間以上になると、たとえば四五歳の人と五〇歳の人を比較して、五年の経験差が明白に成果の差になるとは、一般的には考えられない。…

日本企業の人事担当者はこの矛盾を実に巧みな運用によって乗り切ってきた。それは役職適齢期の考え方と運用である。五〇歳の社員が標準的に必要とする生計費に見合う賃金を対価とする職務は五〇歳の社員を就ける。仮に四〇歳の社員が大変優秀で、それを五〇歳の社員以上の成果で遂行できるとしても、その社員をその職務に就けることはしない。職務に就かないのだから、職務に就いた五〇歳の社員並みの賃金が支払われることはない。こういった運用で対応してきたのである。…

仮に、一部の（年輩）社員には子どもを学校にも通わせられない程度の賃金しか支払われず、一部の（若い）社員が贅沢な暮らしのできるほどの賃金が支払われるというシステムであったら、それは「企業は共同体」で「等しく社員」であるとの立場から否定されていたに違いない。

こうして、一巡りして日経連は再度職務給に注目することになりました。重要なのは、全社一律体系から職務区分別体系への転換です。職務の性格を定型的職務と非定型的職務に区分し、それぞれに異なる賃金制度を適用するという考え方です。定型的職務とは、現業技能職やオフィスの事務職、保安・警備の業務、狭い範囲の店内営業や接客、コンピュータ操作、賄いや調理など、成果（物）はあらかじめ設定されており、定められた手順方法に従って遂行する職務です。そこで求められるのは正確性と効率性であり、従ってそれぞれの職務価値に対応した賃金を定める職務給が最も適しているといいます。そして、この職務は将来的に雇用柔軟型のパートや派遣に切り換えていくべきとし、それゆえ他職務へのローテーションがしにくいといったデメリットは問題ではなくなり、人件費の自動的上昇がないというメリットが大きいというのです。

これに対して非定型的職務とは、研究・開発の業務や管理・企画・営業など、いわゆるスタッフの職務であり、成果はあらかじめ設定されておらず、担当者の能力（発揮度合い）によって成果業績に大きな差異が生ずるものです。そこで求められるのは独創性と完璧性であり、従って職務給の適用は難しく、職能発揮の程度に応じた職能給が望ましいというのです。

本書は「一般職賃金」と題されていますが、以上の内容からすると、むしろ非管理職を総合職と一般職に分け、総合職は職能給だが、一般職は非正規労働者と同じく職務給にするという内容になっているように思われます。一般職正社員は雇用柔軟型ではないですが、長期蓄積能力活用型でもなく、もちろん高度専門能力活用型でもありません。それゆえ、そういうのは雇用柔軟型に切り換えていくべきだというのが、『新時代の「日本的経営」』との整合性を追求した論理的帰結ということになります。欧米のジョブ型雇用社会では最大勢力を占める普通のジョブ型常用労働者に居場所が用意されていないという点が、本書における構想の最大の特徴だといえるかも知れません。

(2) 多立型賃金体系

これらをさらに明確化したのが、日経連が日本経済団体連合会（経団連）に統合される直前の二〇〇二年五月に出された『成果主義時代の賃金システムのあり方』です。本報告書は「多立型賃金体系」という名の下に、定型的職務従事群には職務給（＋習熟給）、育成期間中の課業柔軟型・非定型的職務従事群には職能給、経営陣に近い役割設定型・非定型的職務従事群には役割給＋成果給を振り当てました。

定型的職務従事群に属するのは、加工・組立職務、機械装置の操作職務、車両運転職務、狭い範囲の店内営業や接客職務、コンピュータ・データ入力職務、賄いや調理職務、保安警備職務など、基本的には法律、社内規則・規定、マニュアル、作業標準、社内慣行などに定められた手順・方法や判断により製品やサービスなどの成果物をアウトプットする職務です。これら定型的職務では、あらかじめ遂行方法や一定の成果が設定され、その遂行に当たっては、習熟度による遅速や不正確性があっても、誰が遂行しようと同一の最終成果が要求され、また生み出されなければならないので、職務が持つ価値そのものが成果の高低と一致し、それゆえそれぞれの職務価値に対応して賃金を定める職務給が最も適しているというわけです。

ただし、未熟練であっても担当させ、当該職務遂行を通じて職務習熟を図る職務の場合には、職務給だけでは不十分なので、能力・習熟の伸長度合いを習熟給として設定し、賃金処遇に反映させるべきとしています。いずれにしても、より高いレベルの職務に上がるか、職務習熟が進展しない限り昇給はなく、毎年賃金が自動的に上昇する仕組みにはなりません。これは日経連が半世紀以上掲げ続けてきた定期昇給制度の全面否定に等しいものです。また、本報告書で注目すべきはむしろ書かれていないことにあります。すなわち、一九九九年の『これからの一般職賃金』では、これら職務は将来的に雇用柔軟型に切り換えていくべきだと書かれていましたが、本報告書ではそのような記述はなく、むしろ長期的に職務給の下で働いていく労働者の存在を前提としているからです。これはもはや欧米と同じくノンエリートのジョブ型労働者から構成されるジョブ型雇用社会の提唱といってもいいでしょう。

これに対して非定型的職務従事群に属するのは、研究・開発の業務や管理・企画・営業などいわゆるスタッフの職務で、その職務遂行の手段・方法は定められておらず、自由裁量的要素が多く、成果の質・量は習熟の程度ではなく職務遂行者の能力に左右され、さらに成果をあらかじめ設定したり確定的に予測したりすることは困難で、結果が出て初めて成果が確定するという性格の職務です。

これはさらに二種に分けられ、第一は育成期間中として、担当者の職能の伸長に対応して課業配分がなされ、また職能の幅を拡げる目的で他職種に異動させ、その中で新たに管理者により課業配分がなされるなど、職務内容が能力段階に対応してその時々で変わる、企画、調査、各種の折衝・調整などを行う課業柔軟型・非定型的職務従事群です。これらでは職務の標準化は図れず、職務はその時々によりまた担当者によって異なるので、職務給の適用は極めて困難で納得性にも欠けることから、職能資格に基づき、発揮能力を評価して処遇する職能給が望ましいとします。

第二は経営目的を達成するためにあらかじめ標準化された職位が設定されており、その職務を遂行する能力を有する者を配置する監督、管理、研究開発、訪問販売、ソフト開発、インストラクターなどの役割設定型・非定型的職務従事群です。これらでは企業が要求する職責・役割を十分果たしうるかどうかは必ずしも約束されたものではなく、遂行結果に基づく貢献度に応じた処遇を付加することが公正性を担保するので、「職務に課せられている会社業績に対する責任の大きさ・範囲」「役割遂行の困難度」に対する定額の役割給を基本とし、成果責任の達成度に対応する成果（業績）給で構成することが望ましいとします。これも、欧米と同様エリート層に対しては成果主義的な職務給を適用しようという考え方といえます。

このように、日経連最後の賃金制度構想は、上層部と下層部が職務給に接近する一方で、中間部は職能給を堅持するという三層構造となっていました。

なお、日経連が経団連に統合されるとともに職務分析センターは人事賃金センターと改名しました。職務指向が絶無の頃にも職務という看板を外さなかったのに、職務指向が復活した頃になって職務という字が看板から消えたのも皮肉な話ですが、そこが二〇一〇年五月に出した『役割・貢献度賃金』は、二〇〇七年五月の『今後の賃金制度における基本的考え方』を踏まえて、仕事・役割・貢献度を軸とした複線型・職務形態別賃金体系を設計しています。

そこではまず、「従業員にとってもっとも公正性・納得性の高い賃金体系は何か。それは、第一に仕事の価値に応じた賃金体系である」と、職務給の原理を先頭に打ち出した上で、「成果の違いも当然考慮に入れなければならない」と成果給の原理も示し、この二つの軸で賃金を決定すべきとしつつ、さらに中長期の人材育成の視点も重要だと述べます。これに基づき詳細に示される定型的職務、非定型的職務の賃金制度は基本的に上記報告書でいう「多立型」と同じで、それを「複線型・職務形態別」と呼び換えているだけですが、ニュアンスがより前者にシフトしている感は否めません。

(3) 裁判になった職務給

さて、一九九〇年代から成果主義、年俸制、職務給が流行し、多くの企業がこれら新制度を導入しました。その中でも賃金制度をそれまでの職能給から職務給に転換した企業において、一部の労働者がこれに反発して裁判に訴えるという事案がいくつか見られます。近年の労働法学における重要な論点の一つでもある職務給に係る裁判例をいくつか紹介しておきましょう。

旧来の職能給を廃止して職務給を導入した先駆的な事例として、ノイズ研究所事件(東京高判平成一八年六月二二日労判九二〇号五頁)があります。試験機器専門メーカーの同社では、旧賃金制度は年功型の職能資格制度でしたが、二〇〇〇年以降職務給制度と成果主義とを導入することとしました。職務給制度では、社内の各職務を一等級から一〇等級までにランク分け、格付けし、従業員が従事する職務に応じた職務給を支給し、人事評価についても従来の能力評価を廃止し、業績目標達成度、職務遂行達成度により行うこととしました。これに対し一部従業員が訴えた事案です。本判決は、これが就業規則の不利益変更に当たると認めた上で、同社の「職務給制度は…個々の従業員の取り組む職務を重要性の観点から区別し、同社にとって重要な職務により有能な人材を投入するために、従業員に対して従事する職務の重要性の程度に応じた処遇を行うこととするもの」であり、かつ「従業員に対して支給する賃金原資総額を減少させるものではなく、賃金原資の配分の仕方をより合理的なものに改めようとするもの」であるとして、その合理性を認めました。

また、日本たばこ産業事件（東京地判平成二七年一〇月三〇日労判一一三二号二〇頁）では、たばこや医薬品の製造販売を営む同社で、二〇〇六年から採用している職務等級制度に基づいて、マネジメント職から一般職への職務変更に伴い基本給が月額約六三万円から約四九万円に減額された原告が、その無効を訴えた事案です。本判決は、本件について業務上の必要性は認められ、不利益の程度については「通常甘受すべき程度を超えているとみることはできない」と訴えを退けました。ちなみにこの言い回しは、妻が保育所で保母として働き、子どもは二歳で、七一歳の老母と同居していた社員が神戸から名古屋への転勤を命じられた事件である東亜ペイント事件最高裁判決（最二小判昭和六一年七月一四日労判四七七号六頁）において、メンバーシップ型雇用における配置転換の合理性を最大限に認めたときの台詞そのものです。この裁判官は、日本的な配置の柔軟性を前提としたロジックを全くそのまま硬直的なジョブ型賃金制度に適用することに何の疑いも感じていないように見えます。

2 非正規労働問題から日本型「同一労働同一賃金」へ

先に、賃金制度論の無風時代に「賃金制度論が一切目を向けることのなかった非正規労働者層の拡大が、既に決着済みであったはずの同一労働同一賃金の問題を再び議論の土俵に乗せていくことにな」ると述べましたが、その経緯を改めて振り返ってみましょう。

(1) 非正規労働者の均等待遇問題の潜行と復活

一九六〇年代の労働政策には、不安定雇用労働者の賃金処遇における差別の解消やパートタイム労働者の賃金の均衡といった問題意識がありましたが、一九七〇年代以降正規労働者の雇用維持が政策の中心になるにつれて、そういう問題意識は失われていきました。

大変皮肉なことに、一九七五年の国際婦人年を契機にして日本でも男女雇用均等法政策が動き出し、一九八五年の努力義務規定化で一応の決着がつけられ、一九九七年の法的義務化で最終決着がつけられましたが、この間同一労働同一賃金原則を基盤として男女均等待遇を論ずるという欧米で一般的な問題意識はほとんど見られず、暗黙のうちに男性正規労働者と同様のキャリアパスに乗って女性も年功賃金制を享受できるようにすべきとの発想（いわゆる「コースの平等」）が中心的であったように思われます。

一九六七年にILO第一〇〇号条約（同一価値労働についての男女労働者に対する同一報酬に関する条約）を批准したときには、労働省の辻英雄官房長が「従来の日本の年功序列賃金体系というものが、年齢なり勤続年数によって賃金がきめられてまいりますると、比較的勤続年数の短い者の多い女子の場合には、その意味からも賃金が不利な結果に相なっておるというような事実がございます。…労働省としましても、基本的な方向としましては、同じ労働に対しては同じ賃金が払われるということで、男女の賃金の差を基本的にはそういう方向に持っていくことによってこの条約の趣旨が実現されるであろう。そういう努力もいたしてまいりたい」と答弁していたのですが、その政策思想は雲散霧消していたようです。

非正規労働者の均等待遇問題は一九八〇年代から日本社会党や公明党から国会に提出され続けていました。もっともそれらは、パートタイム労働者であることを理由として通常の労働者と差別的取扱いをしてはならないと規定するだけで、その通常の労働者の年功賃金自体に対して、同一労働同一賃金原則から批判の目を向けるようなものではありませんでした。

実際には、一九九三年のいわゆるパートタイム労働法の制定に際し、国会修正により「その就業実態、通常の労働者との均衡等を考慮して」という一句が事業主の責務として盛り込まれ、この内容をめぐって、パートタイム労働に係る調査研究会報告（一九九七年八月）、パートタイム労働に係る雇用管理研究会報告（二〇〇〇年四月）、パートタイム労働研究会報告（二〇〇二年七月）、労働政策審議会雇用均等分科会報告（二〇〇三年三月）と一〇年にわたる審議が繰り返された結果として二〇〇三年に指針が策定され、同一の処遇決定方式と同一職務均衡考慮方式が努力目標として規定されるに至りました。

一方、一九九〇年代には非正規労働者の賃金格差を争う裁判例が相次ぎ、同一労働同一賃金原則が正面から論じられるようになりました。一九九六年の丸子警報器事件（長野地上田支判平成八年三月一五日労判六九〇号三二頁）以来、同一（価値）労働同一賃金原則が労働関係を規律する一般的な法規範として存在しているとは認められないというのが裁判例の基本的な立場ですが、この事案では業務が全く同じで現実に長期勤続しているという点に着目して、「正社員となる途を用意するか、…正社員に準じた年功序列制の賃金体系を設ける必要があった」と判断しています。同一労働同一賃金原則に反する年功制を認めつつ均等待遇の理念を導入しようとすれば、こういう結論になるのは不思議ではありません。いずれにしてもこの時期は、非正規労働者の均等待遇問題が徐々に表舞台にせり上がってくる中で、同一労働同一賃金原則自体はなお深く潜行していた時代であったといえましょう。

(2) 二〇〇七年パートタイム労働法改正から二〇一二年労働契約法改正へ

第一次安倍晋三政権時に政府が提出し、二〇〇七年五月二五日に成立した改正パートタイム労働法では、通常の労働者と同視すべき短時間労働者に対する差別的取扱いが禁止されました。問題はこの「通常の労働者と同視すべき短時間労働者」の範囲です。第八条では「業務の内容及び当該業務に伴う責任の程度(=「職務の内容」)が当該事業所に雇用される通常の労働者と同一の短時間労働者(=職務内容同一短時間労働者)であって、当該事業主と期間の定めのない労働契約を締結しているもののうち、当該事業所における慣行その他の事情からみて、当該事業主との雇用関係が終了するまでの全期間において、その職務の内容及び配置が当該通常の労働者の職務の内容及び配置の変更の範囲と同一の範囲で変更されると見込まれるもの」と規定されたのです。

この大変複雑な規定の仕方に、日本型雇用システムにおける正社員雇用の姿がくっきりと浮かび上がっています。つまり、「通常の労働者」であると認められるためには、単に雇用期間の定めがないだけでは足りず、職務内容や配置が定期的に変更されていくことが前提とされているわけです。これは欧米の通常の雇用契約では考えられないことです。職務内容や就業場所が契約で定まっていない日本型正社員と全く同じ雇用管理の下にありながら、所定労働時間だけが短時間となっている極めて特殊な労働者（＝短時間正社員）についてのみ、差別禁止を認めたという意味では、筋が通っているということもできるでしょう。

一方、こういった「通常の労働者と同視」できない短時間労働者に関しては、特に賃金について何段階にも分けて詳しく規定しています。最上位には差別が禁止される「通常の労働者と同視」できる短時間労働者が来ますが、その次の段階に来るのはそれを含む「職務内容同一短時間労働者」のうち「当該事業所における慣行その他の事情からみて、当該事業主に雇用される期間のうちの少なくとも一定の期間において、その職務の内容及び配置が当該通常の労働者の職務の内容及び配置の変更の範囲と同一の範囲で変更されると見込まれるもの」です。つまり、有期契約のパートタイム労働者であっても、実態として通常の労働者と同じように配置転換されている者については、「当該変更が行われる期間においては、通常の労働者と同一の方法により賃金を決定するように努める」ことが求められています。いわば均等待遇の努力義務といえるでしょう。

それ以外の短時間労働者、すなわち通常の労働者と職務が異なる短時間労働者と職務は同じであっても人材活用の仕組み・運用が異なる短時間労働者については、努力義務の内容がより緩やかとなっています。すなわち「通常の労働者との均衡を考慮しつつ」、「職務の内容、職務の成果、意欲、能力又は経験等を勘案し、その賃金…を決定するように努める」ことが求められています。職務が同じであろうが違っていようが、そんなことはどうでもいいといわんばかりです。この規定ぶりに、人材活用の仕組みこそが最重要事項であって、職務内容などは大して重要な要素ではないという認識が色濃くにじみ出ています。

ところが一方で、この改正時の参議院の附帯決議において、均等・均衡待遇を進めるために「職務分析の手法や比較を行うための指標(モノサシ)について内外の情報を収集するとともに、事業主に対し、それらを提供することにより、その取組を支援すること」が求められました。これを受ける形で厚生労働省は二〇一〇年三月に、正社員とパートタイム労働者との職務の同一性を判断するための『職務分析・職務評価実施マニュアル』を公開しました。これは厚生労働省の委託によりヘイコンサルティンググループ(現コーン・フェリー・ジャパン)が制作したもので、労働行政が半世紀ぶりに職務給を世に推奨したという意味で大きな意義があります。もっとも、対象はあくまでパートタイム労働者であって、正社員の職能給をどうこうしようというようなものではありません。

次の段階では、有期契約労働者の無期契約労働者との均等・均衡待遇が問題となりました。民主党政権時に政府が提出し、二〇一二年八月三日に成立した改正労働契約法第二〇条では、「期間の定めがあることによる不合理な労働条件の禁止」という見出しの下に、有期契約労働者と無期契約労働者の労働条件が相違する場合には「当該労働条件の相違は、労働者の業務の内容及び当該業務に伴う責任の程度（＝「職務の内容」）、当該職務の内容及び配置の変更の範囲その他の事情を考慮して、不合理と認められるものであってはならない」と規定しました。この規定ぶりは、二〇〇七年改正パートタイム労働法第八条のように対象を厳格に絞って差別禁止とするのではなく、すべての有期契約労働者を対象に含めつつ「合理性」という柔軟な基準で対処し得るようにしたという点で重要な転換であったといえます。同様の規定は二〇一四年四月一六日に成立した改正パートタイム労働法にも新第八条として盛り込まれ、短時間労働者と通常の労働者の待遇が相違する場合は「当該待遇の相違は、当該短時間労働者及び通常の労働者の業務の内容及び当該業務に伴う責任の程度（＝「職務の内容」）、当該職務の内容及び配置の変更の範囲その他の事情を考慮して、不合理と認められるものであってはならない」とされました。

(3) 同一（価値）労働同一賃金原則の復活

このように非正規労働法政策として均等・均衡処遇問題が焦点となり、立法が進められてくる中で、二〇一〇年代以降政府や野党の政策アジェンダとして再び「同一（価値）労働同一賃金原則」という言葉が登場するようになってきました。とりわけ注目されるのは、野党になった自由民主党から同一（価値）労働同一賃金をめぐる興味深い国会質問がなされたことです。

二〇一〇年五月一八日の衆議院決算行政監視委員会第三分科会で、元厚生労働副大臣の大村秀章議員（現愛知県知事）は、「アメリカとかヨーロッパは、それぞれの国の国柄も違うと思いますが、同一価値労働同一賃金、例えば同じ業種、自動車なら自動車業で働いていれば、会社が違ってもこの仕事は幾らというような、こういう職種別のもの、産業別のものが決まっているわけですね。そこら辺までいかないと、この問題は最終的に、正規、非正規の均等待遇というのは実現できない」と述べ、同年五月二一日の衆議院厚生労働委員会においても「この同一価値労働同一賃金ということを、もし仮にといいますか、日本で実現をするとしたら、何が必要で、何が足らなくて、どういうことが論点になるのか、その研究会や勉強会をやはりできるだけ早く前広にスタートをさせていただきたい」と問いかけています。

これに対して民主党政権の細川律夫厚生労働副大臣から「本当にこの同一価値労働同一賃金は大事なことでありますので、まず、どういう論点があって、これをどういうふうに解決していったらいいかということについて、専門家、有識者の方から御意見をいただきまして、そこで研究会を立ち上げることが必要かというようなことになりましたらば、そのような形で進めてまいりたいというふうに思っております」という答弁がなされ、これを受ける形で労働政策研究・研修機構において「雇用形態による均等処遇についての研究会」が開催され、二〇一一年七月に報告書をとりまとめました。

二〇一四年一一月には、民主党、維新の党、みんなの党、生活の党の四野党が、政府提出の労働者派遣法改正案に対する対案として、労働者の職務に応じた待遇の確保等のための施策の推進に関する法律案を国会に提出しましたが、その略称は同一労働同一賃金推進法案でした。安全保障関連法案をめぐって政治状況が変転する中、与野党をまたぐ形で自民・公明・維新三党による修正を経て、二〇一五年九月九日には成立に至り、略称は職務待遇確保法となりました。同法は基本理念として、「労働者が、その雇用形態にかかわらずその従事する職務に応じた待遇を受けることができるようにすること」、「通常の労働者以外の労働者が通常の労働者となることを含め、労働者がその意欲及び能力に応じて自らの希望する雇用形態により就労する機会が与えられるようにすること」などを挙げています。政府は「労働者の職務に応じた待遇の確保等のための施策を実施するため、必要な法制上、財政上又は税制上の措置その他の措置を講」じ、労働者の雇用形態による職務の相違及び賃金、教育訓練、福利厚生その他の待遇の相違の実態等について調査研究を行うほか、「国は、雇用形態の異なる労働者についてもその待遇の相違が不合理なものとならないようにするため、事業主が行う通常の労働者及び通常の労働者以外の労働者の待遇に係る制度の共通化の推進その他の必要な施策を講ずる」こととされています。直接権利義務を設定するわけではありませんが、少なくとも実定法の上で「職務に応じた待遇の確保」が理念として明記されたことは重要な意義があります。

（4）働き方改革による日本型「同一労働同一賃金」

二〇一六年に入ると、この状況が官邸主導で一気に加速しました。同年一月二二日の施政方針演説で安倍晋三首相が「本年取りまとめる『ニッポン一億総活躍プラン』では、同一労働同一賃金の実現に踏み込む考えであります」と述べたのです。同年六月二日に閣議決定された『ニッポン一億総活躍プラン』では、「できない理由はいくらでも挙げることができる。大切なことは、どうやったら実現できるかであり、ここに意識を集中する」という政府文書らしからぬ表現まで飛び出しています。こうした状況下で、同年三月から同一労働同一賃金の実現に向けた検討会で議論が進められるとともに、官邸に設置された働き方改革実現会議では同年一二月に同一労働同一賃金ガイドライン（案）が提示され、翌二〇一七年三月二八日の働き方改革実行計画を受けて、紆余曲折の末、二〇一八年六月二九日に働き方改革関連法として八本の法律が改正されました。そのうち長時間労働規制と並ぶ二枚看板の一つであった同一労働同一賃金は、労働契約法から第二〇条を削除して、パートタイム労働法をパートタイム・有期雇用労働法にするとともに、労働者派遣法にも関係の規定を盛り込むという結果に終わりました。

これまでのパートタイム労働法における短時間労働者に有期雇用労働者が追加されるので、労働契約法第二〇条がパートタイム労働法第八条に合体するのに加え、第九条の通常の労働者と同視すべき者の差別禁止、第一〇条の賃金に関する均衡待遇の努力義務、第一二条の福利厚生にも有期雇用労働者が加わることになります。第一四条の措置内容についての説明義務にも有期雇用労働者が加わるのに加えて、第二項として、通常の労働者との間の待遇の相違の内容と理由、上記均等・均衡の措置を決定するに当たって考慮した事項について、当該短時間・有期雇用労働者に説明しなければならないこととされました。

その後、二〇一六年一二月に提示されていた同一労働同一賃金ガイドライン（案）がほぼそのまま「短時間・有期雇用労働者及び派遣労働者に対する不合理な待遇の禁止等に関する指針」となりました。同指針は、「基本給であって、労働者の能力又は経験に応じて支給するものについて、通常の労働者と同一の能力又は経験を有する短時間・有期雇用労働者には、能力又は経験に応じた部分につき、通常の労働者と同一の基本給を支給しなければならない。また、能力又は経験に一定の相違がある場合においては、その相違に応じた基本給を支給しなければならない」、「基本給であって、労働者の業績又は成果に応じて支給するものについて、通常の労働者と同一の業績又は成果を有する短時間・有期雇用労働者には、業績又は成果に応じた部分につき、通常の労働者と同一の基本給を支給しなければならない。また、業績又は成果に一定の相違がある場合においては、その相違に応じた基本給を支給しなければならない」、「基本給であって、労働者の勤続年数に応じて支給するものについて、通常の労働者と同一の勤続年数である短時間・有期雇用労働者には、勤続年数に応じた部分につき、通常の労働者と同一の基本給を支給しなければならない。また、勤続年数に一定の相違がある場合においては、その相違に応じた基本給を支給しなければならない」、「昇給であって、労働者の勤続による能力の向上に応じて行うものについて、通常の労働者と同様に勤続により能力が向上した短時間・有期雇用労働者には、勤続による能力の向上に応じた部分につき、通常の労働者と同一の昇給を行わなければならない。また、勤続による能力の向上に一定の相違がある場合においては、その相違に応じた昇給を行わなければならない」といった、正社員とパートタイム・有期雇用労働者が同じ職能給、同じ業績給、同じ勤続給、同じ昇給制度の下にあることを前提とした記述が数ページにわたって延々と続きます。そんな会社はほとんどないはずですが。

また、指針は基本給について職能給、業績給、勤続給、昇給制度の場合のみを採り上げ、同一労働同一賃金に最もふさわしい職務給はなぜか完全に無視しています。あえて推測すると、正社員の職能給、業績給、勤続給、昇給制度に非正規労働者を合わせていくことは想定しているけれども、非正規労働者の事実上の職務給に正社員を合わせていくことは何ら想定していないということでしょうか。そもそも、圧倒的多数を占めるはずの両者の賃金制度が全く異なるケースについては、本文には一切記述がなく、「注1」として、次のような抽象的かつ曖昧な記述が数行盛り込まれているだけです。これだけで対応せよというのはあまりにも無茶でしょう。これを見る限り、鳴り物入りで打ち出された「同一労働同一賃金」とは羊頭を掲げて狗肉を売るが如きものといわざるを得ないようです。

通常の労働者と短時間・有期雇用労働者との間に基本給、賞与、各種手当等の賃金に相違がある場合において、その要因として通常の労働者と短時間・有期雇用労働者の賃金の決定基準・ルールの相違があるときは、「通常の労働者と短時間・有期雇用労働者との間で将来の役割期待が異なるため、賃金の決定基準・ルールが異なる」等の主観的又は抽象的な説明では足りず、賃金の決定基準・ルールの相違は、通常の労働者と短時間・有期雇用労働者の職務の内容、当該職務の内容及び配置の変更の範囲その他の事情のうち、当該待遇の性質及び当該待遇を行う目的に照らして適切と認められるものの客観的及び具体的な実態に照らして、不合理と認められるものであってはならない。

3　岸田政権の「職務給」唱道

(1)「ジョブ型」と「職務給」の唱道

二〇二〇年一月二一日に経団連の中西宏明会長が『二〇二〇年版経営労働政策特別委員会報

告』において、「ジョブ型」と「メンバーシップ型」を組み合わせた自社型雇用システムの確立を唱道して以来の、日経新聞を中心としたマスメディアの「ジョブ型」狂騒曲については、二〇二一年九月に刊行した『ジョブ型雇用社会とは何か』（岩波新書）で詳しく批判しましたので、本書で繰り返すことはしません。賃金制度論についても、同書第三章の「賃金——ヒトの値段、ジョブの値段」でほぼ論じるべきことは論じ尽くしています。当初メディアに溢れたジョブ型とは成果主義であるという（全く間違っているとまではいえないにしても）相当程度本筋を外した説も、この二、三年の間に徐々に影を潜めてきたようです。

そこに、本書「はじめに」で紹介したように、二〇二二年後半から岸田文雄首相による職務給の唱道が始まりました。改めて確認しておきましょう。まず二〇二二年九月二二日、岸田首相はニューヨーク証券取引所でのスピーチで、「メンバーシップに基づく年功的な職能給の仕組みを、個々の企業の実情に応じて、ジョブ型の職務給中心の日本に合ったシステムに見直す」、「これにより労働移動を円滑化し、高い賃金を払えば、高いスキルの人材が集まり、その結果、労働生産性が上がり、更に高い賃金を払うことができるというサイクルを生み出していく」と述べました。

翌二〇二三年一月二三日、岸田首相は第二一一回国会の施政方針演説で「従来の年功賃金から、職務に応じてスキルが適正に評価され、賃上げに反映される日本型の職務給へ移行することは、企業の成長のためにも急務です。本年六月までに、日本企業に合った職務給の導入方法を類型化し、モデルをお示しします」と述べました。

そして、二〇二三年五月一六日に新しい資本主義実現会議で決定した『三位一体の労働市場改革の指針』では、①リ・スキリングによる能力向上支援、②個々の企業の実態に応じた職務給の導入、③成長分野への労働移動の円滑化を三位一体で進めるとしつつ、特に②については「この問題の背景には、年功賃金制などの戦後に形成された雇用システムがある。職務（ジョブ）やこれに要求されるスキルの基準も不明瞭なため、評価・賃金の客観性と透明性が十分確保されておらず、個人がどう頑張ったら報われるかが分かりにくいため、エンゲージメントが低いことに加え、転職しにくく、転職したとしても給料アップにつながりにくかった。また、やる気があっても、スキルアップや学ぶ機会へのアクセスの公平性が十分確保されていない」と日本型雇用システムを批判し、具体的には「職務給の個々の企業の実態に合った導入等による構造的賃上げを通じ、同じ職務であるにもかかわらず、日本企業と外国企業の間に存在する賃金格差を、国毎の経済事情の差を勘案しつつ、縮小することを目指す」と述べ、職務給（ジョブ型人事）を導入している企業の導入事例を二〇頁以上にわたって示しています。一応匿名になっていますが、いずれも近年人事労務関係で有名な企業です。すなわち、電機メーカーH社（日立製作所）、電機メーカーF社（富士通）、化粧品メーカーS社（資生堂）が推奨事例というわけです。この内容はほぼそのまま、同年六月一六日に閣議決定された『新しい資本主義のグランドデザイン及び実行計画二〇二三改訂版』に盛り込まれました。

なお同年四月二六日からは同会議に三位一体労働市場改革分科会が設けられ、いくつかの企業の職務給導入事例が紹介されてきています。また同年一一月二日に閣議決定された『デフレ完全脱却のための総合経済対策～日本経済の新たなステージにむけて～』では、「個々の企業の実態に応じた職務給の導入については、ジョブの整理・括り方、人材の配置・育成・評価方法、ポスティング制度、リ・スキリングの方法、従業員のパフォーマンス改善計画（PIP）、賃金制度、労働条件変更と現行法制・判例との関係、休暇制度等について事例を整理し、二〇二三年内又は同年度内にとりまとめる。その際、企業の実態に合った改革が行えるよう、自由度を持ったものとするとともに、中小・小規模企業等の導入事例も紹介する」と書かれています。二〇二四年六月二一日に閣議決定された『新しい資本主義のグランドデザイン及び実行計画二〇二四改訂版』では、「導入企業の多くの事例を掲載した『ジョブ型人事指針』をこの夏、公表する」とされています。

(2) 男女賃金格差開示の含意

一方、岸田政権になってからは男女賃金格差開示義務の問題も急激に進みました。二〇二二年七月八日の女性活躍推進法に基づく省令の改正により、従業員三〇一人以上の事業主には、「男女の賃金の差異」が情報公表の必須項目となったのです。これは、岸田首相肝煎りの新しい資本主義実現会議で芳野友子連合会長が強く主張したためだといわれていますが、そもそもなぜこれまでこの項目は開示項目に入っていなかったのでしょうか。実は二〇一八年一〇月に労働政策審議会雇用均等分科会で労働側が入れるよう求めたにもかかわらず、経営側や公益委員が反対していたのです。その理由は「日本の場合、例えば同じ学歴の新卒者が入って、同じ総合職になったときに、賃金表の同じ所にいれば、基本的に同じ賃金ですので、それを比べてどうするのか」という点にありました。

男女賃金格差の開示は、現在賃金透明性という形で先進諸国で大きな政策課題になってきていますが、それが問題となるのはそもそも賃金は職務で決まるという大原則の下で、なお残る男女賃金格差の原因を細かく見つけ出していこうという考え方によるものです。そもそも賃金が職務で決まらない日本においてはその前提が共有されていません。実際、各社から極めて大雑把な男女賃金格差が公表されていますが、あまり使い道はなさそうです。

ただ、ほんの数年前には日本的な雇用・賃金制度のゆえに男女賃金格差を公表することに意味が乏しいとして否定されていた政策があっさり実現したことの背景には、そもそも日本的な賃金制度自体に対して疑問を持ち、それを世界標準の職務給に変えていくべきだという発想があるのかも知れません。

これも皮肉な話で、労働組合サイドが日本的な年功賃金制度を見直して職務給にしていくことを望んでいるかというと、全体としてはむしろそうではない傾向が強いと思われるのですが、少なくとも男女賃金格差の問題に関する限りは理論的には職務給への移行を唱道する立場に整合的な考え方を主唱してきていることになります。そして、官邸に置かれた新しい資本主義実現会議という場で、今までの使用者側や公益の議論をひっくり返すような結論に持っていく運営がされた背景には、官邸が職務給移行に向けてかなり強い熱意を持っているからではないかという想像もされるところです。実際、本省令施行直後の二〇二二年九月二二日に、岸田首相はニューヨークの証券取引所で前述の職務給発言をしているのです。もしかしたら、男女賃金格差の開示義務化というのは、その先取り的な政策であったのかも知れません。

(3) 職務分析・職務評価の推奨

さて、上述の通り、安倍政権下で「同一労働同一賃金」という旗印の下で行われた働き方改革であるにもかかわらず、その同一労働同一賃金と称するガイドライン(「短時間・有期雇用労働者及び派遣労働者に対する不合理な待遇の禁止等に関する指針」)においては、基本給については指針は職能給、業績給、勤続給、昇給制度の場合のみを採り上げ、同一労働同一賃金に最もふさわしい職務給をあえて無視していました。そもそも、圧倒的多数を占めるはずの両者の賃金制度が全く異なるケースについては、本文には一切記述がなく、注に抽象的かつ曖昧な記述が数行盛り込まれているだけでした。

おそらく、パートタイム・有期雇用労働法によって法的に義務づけられている均等・均衡処遇についていう限りは、現在の日本政府のスタンスはそういうことになるのでしょう。ところが、法的拘束力のない情報提供サービスの次元にまで視野を広げると、日本政府が意外にも欧米型の職務給制度、それを支える職務分析や職務評価といった手法を企業に対して推奨している姿が浮かび上がってきます。

これはもともと二〇〇七年のパートタイム労働法改正時に政策として導入されたものですが、その後の改正を通じてどんどん発展していき、働き方改革による法改正後には有期雇用労働者も含めてより詳細なものとなり、厚生労働省の同一労働同一賃金関連サイトには、『職務分析実施マニュアル』、『職務評価を用いた基本給の点検・検討マニュアル』、『職務評価ツール』、『コンサルティングマニュアル（職務〈役割〉評価導入支援の実施手順）』、『職務分析・職務評価の手法を用いた企業の取り組み事例集』といった膨大な職務給関連資料が、これでもかといわんばかりに詰め込まれています。

その内容をざっと概観しますと、たとえば『職務評価を用いた基本給の点検・検討マニュアル』では、「パートタイム・有期雇用労働者と正社員との間の不合理な待遇差を解消するためには、パートタイム・有期雇用労働者の待遇が職務（役割）によって決定されることが多いことから、パートタイム・有期雇用労働者と正社員の職務（役割）の大きさを比較する『職務（役割）評価』を活用することが有益と考えられます。職務評価には様々な手法がありますが、ここでは、『要素別点数法』を紹介します。『要素別点数法』とは、職務内容を構成要素ごとに点数化し、点数の大きさで職務（役割）の大きさを評価する手法です」と述べた上で、「職務（役割）評価とは、社内の職務（役割）の大きさを測定する手法です。人事管理でよく用いられる、労働者の能力、経験、成果等を評価する人事評価とは異なるものです」と、日本的な誤解を戒めています。

また『コンサルティングマニュアル』では、「職務（役割）評価は、社内に存在する個々の職務（役割）について、難しさや責任の度合いの観点から、その大きさを測定する手法であり、評価結果は、職務等級や職務給を決定する際の根拠として用いられます。一般的な職務（役割）評価は、社内に存在する職務（役割）を相対化して、その大きさを測定するだけでなく、市場相場との適合性も確認することがありますが、本マニュアルで扱う職務（役割）評価は、…社内に存在する職務（役割）の相対化に支援内容を限定しています。また本マニュアルの目的は、基幹的な業務に就く上位のパートタイム・有期雇用労働者と、比較対象となる正社員の公正な待遇確保であるため、その範囲で職務（役割）評価を行うことが重要です」と、その限定的な位置づけを明らかにしています。

『令和三年度版　職務分析・職務評価の手法を用いた企業の取り組み事例集』では、製造業、サービス業、医療福祉など計九社の取組事例を掲載しています。法第八条に基づく不合理な待遇に当たるか否かという論点では、職務給などというものは影も形も姿を現さないにもかかわらず、こちらではかなり積極的な職務給の推奨がなされているというのは、なかなか興味深い状況といえます。

さらに、雇用保険法の雇用安定事業の一つとして設けられているキャリアアップ助成金のうちの賃金規定等改定コースは、有期雇用労働者の基本給を三％以上増額すると支給されますが、賃金規定等改定に当たって「職務評価」を活用した場合は、職務評価加算を受けることができます。支給要件は職務評価結果を踏まえて賃金規定等を改定していることですが、正規雇用労働者に対しても職務評価を実施している必要があり、実施した職務評価手法と職務評価結果を踏まえ賃金規定等を改定したことがわかる書類を添付する必要があります。小さな制度ではありますが、政府が職務分析、職務評価に基づく職務給の導入を推奨していることは明確です。

ちなみに、この政策は法第八条に基づくものではないというだけであって、パートタイム・有期雇用労働法に基づくものであることに変わりはありません。法第五条第一項に基づき策定された「短時間・有期雇用労働者対策基本方針」の「具体的施策」の中に、「また、基本給の決定に当たり、短時間・有期雇用労働者と通常の労働者の職務の内容の異同を把握し、職務の内容の大きさを測って相対的に評価する職務分析・職務評価の導入等を支援する取組を進める」との記述があり、その意味では同法に基づく政策の一環です。

第Ⅱ部　賃金の上げ方

岸田政権は職務給を唱道する以上の熱意を賃上げに向けているようです。新しい資本主義実現会議からは、「成長と分配の好循環を実現するための鍵は賃上げである」とか「賃金が伸びなければ、消費にはつながらず、次なる成長も導き出せない」といった威勢のいい発破が掛けられています。こうした「官製春闘」といわれるような状況の下で、長らくゼロ近辺に張り付いていたベースアップも、二〇二三年春闘では二・一二%と二%を超えて定期昇給率（一・五七%）を上回り、二〇二四年春闘では三・五四%と、定期昇給率（一・六四%）の二倍を超えました。本章では、この「ベースアップ」や「定期昇給」という言葉の源流を遡り、これらによる日本的賃上げの問題点を歴史的に明らかにしていきます。本章で示す事実は、これらの言葉を頻用する人々でもほとんど知らないことが多いはずです。

第1章　船員という例外

序章で略述したように、ジョブ型雇用社会では、労働組合は産業・職業別に結成され、産業レベルで団体交渉を行い、労働協約を締結します。そこで決められるのは企業を超えた職種や技能水準ごとの労働の価格であり、このジョブの値札を一斉に書き換える運動が団体交渉です。そういう労働組合、団体交渉、労働協約は、日本にはほとんど存在しません。「ほとんど」といったのは、ごく例外的には日本にもそういう労使関係が現実に存在しているからです。それは、陸上ではなく海上で繰り広げられる労働——船員の世界です。特殊日本的な企業単位のベースアップや定期昇給とは全く異なる船員の世界をまず瞥見しておきましょう。こちらが地球上では一貫して世界標準なのです。

船員労働の歴史について詳しく説明するのは省きますが、陸上労働ではまともな団体交渉システムが確立していなかった戦前期に、海上労働では日本海員組合と日本船主協会という労使の共同運営による海事協同会が設けられ、船員の待遇に関する事項の協議決定を行っていまし

表7　普通船員標準給料最低月額表（円）　（1928年）

職名	海上実歴（年）	総トン数		
		500–1500	1500–3500	3500以上
水夫長、火夫長、賄長	8	65	70	75
大工	-	60	65	70
舵夫、油差、料理人	4	50	55	57
水夫、火夫、石炭夫、炊夫	1.5	35	38	40
給仕	1.5	35	38	38

た。一九二八年には三か月に及ぶストライキの結果、普通船員標準給料最低月額表と高級船員標準給料最低月額表を協定しています。一九二八年に来日した国際労働機関（ＩＬＯ）のアルベール・トマ事務局長は、かかる先進的な状況を見て、海事協同会を労使関係の世界的モデルと激賞したといわれています。

戦時体制は船員の世界にも大きな影響を与え、海事協同会は海員組合とともに解散させられ、海運報国団が結成されるとともに、一九四〇年一〇月一六日の船員給与統制令により、陸上の賃金統制令、会社経理統制令に倣った統制の下に置かれました。しかしながら、戦前欧米並みの団体交渉制度を確立していた船員たちは、戦後それを回復します。一九四五年一〇月に全日本海員組合（全日海）を結成し、一九四七年六月に日本船主協会

表8　高級船員標準給料最低月額表（円）　（1928年）

職名	総トン数			
	501-1000	1001-2000	2001-3500	3500以上
船長	140	190	200	210
一等運転士	95	115	130	135
二等運転士	75	85	90	95
三等運転士	70	70	75	75
機関長	140	190	200	210
一等機関士	90	115	130	135
二等機関士	70	75	80	95
三等機関士	70	70	75	75

が設立され、一九五一年六月には船員職別最低賃金制を協定しました。

高度成長期に労働組合にとっても職務給が大きな論点になったとき、全労書記長の和田春生が「職務を中心にして考えていくという形が、年功序列型の賃金を是正し、同一労働同一賃金へ近づく万能薬」云々と唱えていたのも、和田が海員組合出身で、そちらのほうが身になじんでいたからでしょう。海員組合は全繊同盟とともに総評を脱退して全労を結成し、同盟の主力となっていく戦後日本の代表的な右派系組合として知られていますが、そんなことよりも船員個人加盟の産業別単一組織であり、今日に至るまで産業レベル団体交渉により賃金を決定してきている日本でおそらく唯一の純粋ジョブ型労働組合であるという点が何よりも重要です。

第2章 「ベースアップ」の誕生

海上労働の世界をほぼ唯一の例外として、戦後日本の労使関係は企業別に閉ざされた世界を作り上げてきました。そこにおいて賃金交渉とは、船員のように職種別の最低額を設定することではなく、企業別に総額人件費の増分をいくらにするかをめぐるものでした。このベースアップ(「ベア」)という日本以外では通用しない概念の出発点は、意外にも賃金を上げるためではなく、その正反対の賃金を抑えるための政策にあったのです。以下ではこの逆説の経緯を若干詳しく見ていきましょう。

1 戦時体制の遺産

戦時賃金統制については、賃金制度論への影響を中心に第I部で詳しく見たところですが、その中の第二次賃金統制令による平均時間割賃金という概念がベースアップの原点になります。

賃金統制令には最低賃金を定めて賃金を支えるという目的もありましたが、最も重要だったのはもちろん賃金の高騰を抑制するということでした。そのために、労働者一人一時間当たりの平均時間割賃金を公定し、一定期間ごとの支払賃金の総額を制限するというやり方を導入したのです。この平均時間割賃金は一九四一年九月一一日に中央賃金委員会の答申に基づいて公定されましたが、地域別、業種別、男女別、年齢階層別に規定されており、従ってこれに基づく年功賃金制度も年齢に基づくものとなり、終戦直後の電産型賃金体系につながっていったことは前述した通りです。

当時厚生省労働局賃金課の担当官であった金子美雄は、この賃金抑制策の趣旨を後にこう述べています（金子美雄「賃金問題の過去・現在および未来」前出）。

ご承知のように、昭和一四年九月に欧州の動乱が勃発した。このときを境に、賃金統制の目的が急激に変わるわけである。つまり、欧州動乱の勃発によってわが国が必要とする物資が入ってこない、あるいは外国の物価が上がる。そしてそのことは日本の物価を急激に高騰させるに違いない。だから、これを防ぐためには物価をストップしなければならない。物価をストップするためには同時に賃金をストップしなければならないということで、賃金臨時措置令＝いわゆる賃金ストップ令が九月に出たわけだ。これは欧州動乱に基づく非常措置で、いまのニクソンの九〇日間の物価、賃金の凍結と同じで、とにかく物価、賃金全部九月一八日現在でストップする。ということであった。それは一時的ストップだから、それを解除したあとどうするか…という問題が当然あるわけだ。それに応えて出たものが昭和一五年の賃金統制令の改正である。そして現われてきたのが、公定された平均時間割賃金による賃金総額制限方式という新しい統制方式であった。

金子は、この賃金総額制限方式が終戦直後の賃金ベースの基となり、今日まで続くベースアップの原点であると証言しています。

第三に、総額制限が及ぼした影響も見逃せない。戦時中の総額賃金規制は年齢別の一時間平均賃金から全体の賃金支払総額を出すわけだ。それはいわゆる総額賃金概念であって、これを総労働者数ないし総労働時間で割ると、一人当たりあるいは一時間当たりの平均賃金になる。

とにかく総額賃金とか、平均賃金とかいう概念は賃金統制以前にはなかった。しかも職種、年齢階級別の基準から算定された基準的平均賃金と比較するという、今日でいうラスパイレス式とか、パーシェ式の比較方法、つまりそうした方法による賃金ベースの比較という考え方を作り出した。戦後の物価算定のための、一八〇〇〇円賃金水準といわれる業種別平均賃金は、私が労働省給与課長当時計算したものであるが、これは戦争中の総額制限の標準賃金方式をそのまま使ったものだ。それから、公務員給与の基礎になり、公企体等の賃金の中心になった二九二〇〇円ベースの算定もまったく同様である。人事院の官民給与比較方式も同じことで、厚生省賃金課で総額制限をやり、標準賃金を計算した滝本給与局長のやったことである。

つまりいまの日本の賃金ベースという、戦後今日に至るまで、日本の賃金の比較や賃金水準の表現の基礎になったものはその根源が総額制限方式に発していると言って過言ではない。

2　終戦直後の賃上げ要求

一九四五年八月一五日に日本が戦争に敗れ、連合軍の占領下に置かれると、GHQの指令により全国に怒濤のごとく労働組合が設立されました。しかしながらその多くは産業別でもなければ職業別でもなく、企業ごとにホワイトカラー職員とブルーカラー労働者を包含した組織として誕生したのです。この特性は戦時中の産業報国会が持っていたものでした。ホワイトカラーもブルーカラーも皇国の産業戦士として平等だという戦時中の思想が、社会主義的な装いで再確認されました。アメリカの占領下で、その庇護の下に生み出された戦後の企業別組合は、アメリカ型のビジネス・ユニオニズムとは似ても似つかぬ姿で生まれたのです。

この時期の賃金闘争の特徴は、賃金要求が一律何倍値上げ、一律何割値上げといった形式をとったことです。京成電鉄は五倍、関東配電も五倍、日本鋼管鶴見製鉄所は三倍といった具合です。しかも、これらはあっさりと受け入れられていきました。さらに興味深い点として、この時期は闘争戦術としてストライキよりも（労働組合が企業の生産活動を管理する）生産管理闘争が主として用いられました。その背景には、産業報国会を受け継ぐ事業一家、職域奉公意識と革命的工場ソビエトを目指す左翼意識の結合があったと思われます。

ところが一九四六年二月の金融緊急措置令によって、インフレ抑制を目的に預金封鎖と新円切り換え、給与支払い一人月額五〇〇円の新円枠設定という統制措置がとられたことから、賃金要求は家族手当の拡大にシフトしました。これもまた、賃金統制の抜け穴としての家族手当の拡大という戦時中の出来事の二番煎じのように見えます。こうして、電産型賃金体系直前の電気産業における賃金構成を見ると、本給は四六・五％で、家族手当を始めとする各種手当が過半数を占めるという異常な姿になっていました。

これを整理し、家族手当分も本人給とともに生活保障給にまとめて一本化したのが第Ⅰ部で見た電産型賃金体系であったわけです。こうした年齢と扶養家族数に基づく賃金制度に対するGHQ労働諮問委員会や世界労連による厳しい批判にもかかわらず、これがその後の労働組合運動によって急速に広がっていったことも前述した通りです。そして、公務員賃金についても、当初は電産型賃金体系の丸写しのような案であったのが、GHQの指令により職階制の導入に舵が切られていきました。第Ⅰ部ではその職階制に注目しましたが、ここでは公務員賃金の水準論をめぐる推移を見ていきます。なぜなら、そこに「賃金ベース」の戦後の出発点があるからです。

3 公務員賃金抑制のための「賃金ベース」

GHQの命令でいわゆる二・一ストが中止となった後も、公務員賃金問題は官公職員待遇改善準備委員会で審議されていました。そこに一九四七年四月一五日に提示されたのがいわゆる「一五〇〇円水準案」です。これは前述したように基本給が生活保障給と能力給からなり、前者は年齢給と家族給からなるほぼ完全な電産型賃金体系でしたが、その一人平均額が一五〇〇円でした。その後四月二六日に大蔵省給与局は職階制に基づく試案を提示してきたのですが、その話を抜きにして水準だけでいうと、一六〇〇円水準となっていました。この段階ではまだ

「ベース」という言葉は登場しておらず、一五〇〇円とか一六〇〇円というのは基準労働賃金ないし平均月収と呼ばれていました。

その後議論の場は大蔵省の給与審議会に移り、今井一男大蔵省給与局長や金子美雄厚生省(→労働省)給与課長が事務局として奮闘する中、GHQが物価安定の観点から強力に介入し、同年七月五日には片山哲内閣によって新価格体系が閣議決定されました。そこでは、「物価と賃金とは悪循環的上昇をきたし、その結果、まじめに働く勤労者はその生活をおびやかされ、まじめな企業はその経営の方途を失っている。政府は、この現状にかんがみて、実質賃金の充実、企業経営の健全化、物価と賃金との調整を主眼として、公定価格の総合的改訂を行う」と述べた上で、賃金水準についてこう述べています。

第二、賃金水準　物価賃金安定の途は、実質賃金の充実を中心とする貨幣賃金の維持のほかにはないのであるから、今回の新価格体系の確立にあたっては、勤労者の実質生活の確保と企業経営の健全化を目途として、物価賃金の同時的決定を行う。このため、価格調整補給金によって公定価格の引上げを最少限度にくいとめるとともに、食糧その他の緊急対策を実施して正規配給量の増加による実質賃金の充実をはかり、勤労者が現在の生活水準を維持できるところを目やすとして、価格に算入する賃金水準は、現在の実際水準から若千引上げ、工業総平均月一八〇〇円とし、今回の公定価格の引上げによる勤労者の家計への影響に対処する。

二か月半の間に一六〇〇円から一八〇〇円に膨らみましたが、これを受けて船舶製造業と貨物運送業の二四四二円から製糸業の一一二四円までの暫定業種別平均賃金も設定されました。これを計算したのが戦時賃金統制を担当していた金子美雄であることは上述の通りです。これについて、当時経済安定本部官房次長であった稲葉秀三は、「これは個々の企業で支払われる賃金の標準ではない」、「強制的な賃金基準ではなく、また実際にもあり得ない」と言いつつも、「しかし従前の価格体系とは異って、これが(丸公)決定の標準的なものとなったということからしては、間接には企業の経理に対し、一つの枠となるものであり、この意味において今回の業種別平均賃金が支払い賃金に対して影響を与えるということはこれを是認せざるを得ない。もしも団体交渉その他によって実際の支払賃金が非常に高くなり、企業もしくは産業で、その他の方法によって、これにもとづく経営資本の不足を補填することが困難となり、かくて政府の補給金の増額支給、あるいは価格の改定を要求せられることとなっても、政府としては原則的には、その要求に応じるわけにはいかない」と、間接的な強制であることを認めています(「新物価体系の基礎理論――一八〇〇円ベース堅持の必然性」『新経済』一九四七年一一/一二月合併号)。

ちなみに、この稲葉論文の載っている『新経済』誌の特集タイトルは「一八〇〇円ベースの理論体系とその批判」であり、ほかの論文や座談会でも、西尾末広官房長官はじめ皆が「一八〇〇円ベース」という言葉を使うようになっていたことがわかります。同年一二月に産別会議が刊行した『最近の賃金闘争』(日本労農通信社、一九四七年)では、「全部平均すると一八〇〇円になるように各業種別の平均賃金をきめたから一八〇〇円ベースという、つまり一八〇〇円という数字が土台(ベース)になっているから一八〇〇円ベースといわれる」と解説しています。これが英語もどきの「賃金ベース」という概念が日本に登場してきたいきさつです。つまり、戦時中の賃金抑制策と同様、賃金を上げるためではなく、賃金を抑えるための概念だったのです。これに対して全逓を先頭とする産別会議側は「一八〇〇円ベース打破」をスローガンとして掲げて一九四七年秋闘を闘いました。

次の段階は、職階制強化とともに臨時給与委員会が答申し、翌一九四八年二月二七日に閣議決定された公務員賃金の二九二〇円ベースです。平均は二九二〇円ですが、一級一号の一〇〇〇円から一四級六号の一〇〇〇〇円までの級別俸給額表が作成されています。前述した、職務を分類しておらず、最下級の一級職から最上級の一五級職まで等級を分類しているだけのものです。このときも全逓が過激な三月闘争の先頭に立ち、その後も争議を続けたため、遂にマッカーサー司令官の堪忍袋の緒が切れて、同年七月二二日にいわゆるマッカーサー書簡が送られ、公務員の労働基本権が剝奪されることになります。ただし、一九四八年一二月二〇日公布の公共企業体労働関係法によって、日本国有鉄道は鉄道省から分離され、公共企業体として部分的な団体交渉権は有することとなりました。

4 「ベースアップ」の誕生

一方民間の労働組合も、GHQの緊縮政策の下で苦闘していました。一九四八年一一月一一日にGHQのヘプラー労働課長が、赤字融資の禁止、一般物価水準に影響を与える賃金引上げの禁止、財政均衡を害する価格差補給金の支給禁止からなる、いわゆる賃金三原則を打ち出しました。この背景として、電産が七月から停電ストを実行し、GHQはその中止を命令、中労委で強制調停が始まり、一一月二日に七六〇五円ベースという高めの調停案が出されたにもかかわらず、電産がなお闘争強化を打ち出していたことがあります。同年一二月一八日にはマッカーサーから経済九原則が発せられ、アメリカ本国からドッジを呼んで、ドッジラインと呼ばれる強力な緊縮政策が実行されていきます。

いずれにしてもこうした中で、賃金抑制の手段に対する呼び名であった「賃金ベース」という言葉が、労働組合運動によってそれを突破して賃金引上げを図るための言葉として使われていくようになります。公共企業体となった国鉄の賃金問題は公共企業体仲裁委員会にかけられましたが、一九四九年一二月二日の仲裁裁定は、国労側の用語法をそのまま用いて、「賃金ベースの改訂」という言葉を使っています。

本委員会は、右当事者間の「賃金ベースの改訂及び年末賞与金の支給その他に関する紛争」に付、次の通り裁定する。

記

一、賃金ベースの改訂はさしあたり行わないが、少くとも経理上の都合により職員が受けた待遇の切下げは、是正されなければならない。
二、前項の主旨により、本年度に於ては、公社は総額四五億円を支払うものとする。……

もっとも、公共企業体仲裁委員会の委員(おそらく今井一男大蔵省給与局長)にはこの用語法には抵抗感があったと見えて、解説の中では「賃金ベースなる観念は、公定価格に織込むべき一般業種賃金基準のような抽象的基準の場合は意義があるが、少くとも個々の企業における具体的賃金を論ずる場合には意味をなさない。しかし現在余りに広くこの言葉が使用されているので、本裁定においても一応世間の用語例に従うこととした」と留保をつけています。しかし、この「意味をなさない」はずの用語法はますます世間に広まっていき、こんな抵抗感も消え失せていったようです。

一九四九年には「賃金ベースの改訂」といわれていたものが、翌一九五〇年には「ベースアップ」という究極の和製英語もどきに進化します。中労委事務局が編集していた『中央労働時報』に「ベースアップ」という言葉が初めて載ったのは一九五〇年五月五日号で、電産争議に対する中労委の中山伊知郎会長の斡旋案の説明に出てきます。実は電産の要求はベース賃金方式ではなく、電産型賃金体系の枠組みに従って賃金表書き換え型を堅持していたのです。同誌三月一五日号によると、一九四九年一一月一一日付の電産側の要求書は、次のように電産型賃金体系の書き換えの形をとっていました。

(イ) 本人給　一七歳以下　最低四〇〇〇円
(ロ) 年齢加給　一八歳より四五歳迄一歳につき　一〇〇円
(ハ) 家族給　配偶者　二〇〇〇円
父母及子供一人につき　一五〇〇円
その他一人につき　一一〇〇円

（以下略）

ところが、同誌三月一五日号によると、これに対する調停案は、まず一人平均月額八五〇〇円ベースを提示しています。

（1）基準内賃金の平均月額は八五〇〇円とする。
1、最低本人給二一〇〇円を三〇〇〇円とする。
2、年齢加給及び勤続給は現状のままとする。
3、家族給については配偶者の分を一〇〇〇円とし、他は現状通りとする。
（以下略）

足して二で割る中労委ですから、要求をかなり削った妥協案になっているのは当然として、興味深いのは電産側の賃金表書き換え型に覆い被せる形で、中労委が賃金ベース改訂型のイニシアティブをとっていることです。これは数年前の政府が賃金抑制策として賃金ベースを提起していたのとは違い、当時の日本社会では賃金引上げを賃金ベースの概念で考えるのが一般化していたことを反映しているのでしょう。中労委にやってくる労働組合がみんなベースアップという言葉を使うようになっていたため、電産型の元祖の電産の調停にまでそれが及んできたということです。こうして、日本独特の賃金の上げ方を指す言葉としての「ベースアップ」が公的機関でも普通に使われる言葉として定着していったのです。

5　総評の賃金綱領と個別賃金要求方式

一九五〇年七月一一日、GHQの肝煎りにより、産別民同と総同盟が合体する形で日本労働組合総評議会（総評）が結成されました。ただし、細谷松太の新産別と総同盟右派は総評に参加せず少数派として独立を維持しました。総評の下で官民の各組合はベースアップを掲げて闘争を繰り広げました。

総評の初期の賃金政策として有名なのが賃金綱領（草案）です。これは、一九五二年二月二四日に総評の賃金対策委員会が発表したもので、永野順造と千葉利雄が起草したとされています。これが興味深いのは、既に一般化しつつあった賃金ベース方式に対して否定的なニュアンスで、マーケット・バスケット方式を提起したからです。綱領本体は短く、基本目標及び当面の獲得目標はこう掲げられています。

一、「健康にして文化的な生活」を営むことができる賃金水準＝最低手取七万円の実現
二、戦前賃金水準二万五千円平均の即時回復
三、全物量方式による実質賃金要求の達成
四、最低保障を基礎とする合理的賃率――職階給制打破
五、拘束八時間労働制の完全実施

起草者の一人である千葉は後に、「当時の組合運動は、レッドパージ後の沈滞からなお抜けきらず、特に幹部は資本追随的傾向が強く、賃金闘争も甚だしく大衆不在・幹部請負的であった。組合は執行部内の賃金専門家と称する集団が、大衆不在の中で専ら政府の家計調査やCPIなどを使ってそれぞれの平均労務構成に併せた生計費を算定し、それをもとに『新賃金ベース〇〇円』といった形でベース要求を作っていた。…賃金綱領は何よりもこうした状況を根底から打ち壊して、労働者の主体性に立った実質賃金水準の最大限の引上げの方向へと、賃金要求の基本姿勢を転換させるとともに、賃金闘争を真の大衆闘争として活性化させることを目指したのである」と回想しています（千葉利雄『戦後賃金運動』日本労働研究機構、一九九八年）。

ここでいう全物量方式とはいわゆるマーケット・バスケット方式、すなわちすべての生活費目を価格換算して買い物籠に積み上げる方式で、当時生活保護の算定方式として採用されてい

表9　全自日産分会の基本給引上の最低基準点

熟練格差	説明	経験年数	新基本給
未熟練	入社直後の未経験技能の労働	0年	10000円
半熟練	補助的或いは単純作業、上級者の指導で従事する程度のもの	2年	12000円
初級熟練	普通の独立した作業を標準的な熟練度で遂行する程度のもの	5年	16000円
中級熟練		8年	20000円
上級熟練	上級の作業を相当高度の熟練度で遂行し、下級者の指導的能力を持つ程度のもの	12年	25000円
高級熟練		15年	30000円

尚高級以上、経験15年以上の労働に対しては、経験20年迄は、同一カーブで考えられるべきであり、その最低基準賃金は、36000円とする事を付加する。
出所：吉田誠『査定規制と労使関係の変容』（大学教育出版、2007年）

たものです。これを持ち出した意図は、賃金ベース方式を戦時中の賃金統制の再来として批判するところにありました。綱領の付属文書たる『賃金綱領解説』には、「かかる考え方は決して労働者的ではない。断乎として排撃せねばならない。それは明々白々たる賃金釘付け以外の何ものでもないからである。これこそは、戦争中の賃金を『食えるだけ』の賃金に釘付けしてしまったあの改正賃金統制令と全く同一の筆法なのだ。思い出すがよい。改正賃金統制令は、初任給を決定し同時に支払賃金総額を制限することによって、『食えるだけ』の賃金に釘付けしてしまったではないか。この場合初任給こそは賃金引下げのための最低賃金であったし、支払賃金総額こそは平均賃金の裏返しにほかならなかったのだ。

…ピンからキリまで戦時賃金統制とそっくりそのままではないか」云々と、激烈な批判の言葉が躍っています。当事者の金子美雄が自認するように、全くその通りです。

これに鼓舞されていわゆる個別賃金要求方式が登場しました。その代表が全日本自動車産業労働組合（全自）の争議です。全自は日産、いすゞ、トヨタの三分会共闘で賃上げ闘争を行い、その中で熟練度別賃金要求を掲げたのです。そのリーダーであった日産分会の益田哲夫委員長は、ヨーロッパの産別協約における職種別熟練度別賃金を参考にしたといわれています。しかしながら、その一九五二年秋の賃上げ闘争で経営側に提出した要求案は、同一労働同一賃金原則に基づく熟練度別賃金を掲げながら、職種別になっておらず、熟練度の指標は経験年数であり、結果的には年功的なものとなっていました（表9）。そして会社側はこの要求を全面的に拒否し、トヨタ、いすゞが妥協する中で最後まで闘った日産分会は崩壊し、全自も解散に追いやられます。そしてこれに取って代わった宮家《みやけ》愈《まさる》率いる日産労組は、「賃金は企業の枠を超え得ないが、同業他社よりも絶えず優越する基盤を作るべき」と、企業単位の賃金の上げ方に専念していきます。

第3章　ベースアップに対抗する「定期昇給」の登場

1　中労委調停案における「定期昇給」の登場

こうしたベースアップ方式に対する批判にもかかわらず、圧倒的に多くの企業別組合はベースアップ方式による要求を繰り返し、それはかなりの程度実現していきました。その背景としては、一九五〇年から始まった朝鮮戦争による特需景気により企業の支払能力が高まったことがあります。もともと賃金ベースというのは賃金抑制のために企業単位での支払能力の範囲内に抑えようとする発想ですが、逆に言えば企業の売上げが伸びて支払能力が高まれば、そこまで賃金ベースを上げることは可能ではないかと労働組合側が主張しやすい仕組みでもあります。言い換えれば、賃金の抑え方のロジックであったはずの賃金ベース論が、ベースアップという賃金の上げ方のロジックに転化してしまったわけです。

こうしてベースアップ闘争が一般化する中で、経営側はそれに対抗するために別のロジックを持ち出さざるを得なくなってきます。そのきっかけになったのは、一九五四年の電力争議における中労委の調停案でした。終戦直後に電産型賃金体系を生み出した電力産業では、一九五二年の電産争議で電産が敗れ、闘争至上主義を批判する一派が分裂して全国電力労働組合連合会（電労連）を結成するという事態になっていました。その後の一九五四年の電力争議の調整においては、中労委が三月一八日の調停案においてある妥協的な言葉を示したことが、その後の日本の賃金制度に大きな影響を与えることになりました。

今回の賃金調停に当っては、現行賃金の水準、各会社の賃金格差、電気料金との関係、会社の支払能力並に賃金改訂の社会的影響について出来得る限りの考慮を払った。これらの要因は何れも複雑な問題を含むもので、容易に意見の一致が得られなかったが、一面、現行の賃金が一年有半の据置によって実質的に若干の低下を見たという事実、他面、労働の生産性が向上しつつある事実は一応事実として認めざるを得ない。この理由に基いて電気事業労働者の現行賃金の改訂はある程度考慮せらるべきものと考える。しかしながら経済情勢の転換期に立って、将来に幾多の不確定な要因をもっている現在、従来の形そのままのベースアップを考えることは困難と思われるので、少くとも本年九月までは次の如き暫定措置をとることを適当と認める。一〇月以降この暫定措置を如何に本格化するかについては一般経済情勢、会社の業績その他を勘案して両当事者で協議せられたい。

一、昭和二九年四月以降新たに定期昇給制を実施すること。但し、今回の昇給原資は前文の趣旨に鑑み特に現行基準賃金の六%とし、その五〇%（四六二円―一五四〇〇円ベースに対し）を本人級の増額に当てる措置をとること。

二、昭和二八年度の業績に鑑み、この際一時金一人平均五〇〇〇円（一五四〇〇円ベースに対し）を支払うこと。

但し、右配分については双方協議決定すること。

ベースアップが困難なのでその代わりに定期昇給を実施せよというのですが、電産型賃金体系では一歳刻みに賃金を決めているので、一年経てば一歳上の欄に移行することにより事実上定期的に昇給しているはずです。とはいえ、このベースアップの代わりに定期昇給というロジックは直ちに日経連によって採用され、その後職務給と並んで経営側の賃金政策の柱となっていきます。

2 日経連の定期昇給推進政策

もっとも、上記の言い方は歴史叙述をわかりやすくするためのもので、正確には中労委の調停案の前に、日経連の機関誌『経営者』一九五三年七月号に、板倉正明三菱金属鉱業（現三菱マテリアル）給与課長が「定期昇給とベースアップ」という論考を寄稿し、「ベースアップは上述の如く今次終戦後の如き特殊の社会経済情勢下における異例的増給措置」であるとして、「昇給制度がベースアップに代って昭和二七年以降安定期の賃金施策上重要課題なり」と論じていました。

しかし、賃金政策の方向性として定期昇給制を明確に提示した公式文書としては、一九五四年九月に、日経連の地方団体である関東経営者協会賃金委員会が公表した『定期昇給制度に対する一考察』が有名です。その言うところでは、戦前の賃金問題は一応全部昇給により解決されていましたが、戦後民主化に伴い労働組合が設立され、物価騰貴に伴う生活水準低下に対処するため戦前にはなかったベースアップが登場し、戦前の昇給制度は消滅してしまいました。しかし、国際収支悪化を契機に賃金抑制策が真剣に検討される中で、上記電産ベースアップ要求に対する中労委の定期昇給勧告を契機に、「今や定期昇給制度はデフレ下の賃金問題に対し極めて実践的役割を持つものとして採り上げられるに至っ」たというわけです。その中でも特に注目すべきは、人件費との関係です。

…ベース・アップとは文字通りに考えれば労務費総額を全労働者数で除したる商が賃金ベースであるからこれを引き上げることであるということができる。従ってベース・アップの内容である配分は問題にならないかにみえるが、しかし多くの場合はベース・アップの内容は支払基準即ち支払の条件及び額の膨張を伴わないと実施しえないので、賃金体系変更の一つであり且つ労務費が増大するものと規定しうる。

これに対して定期昇給の場合は賃金体系を固定したまま労働者の新陳代謝、労働の量質の向上に伴う労働者個々人の査定替えでありベースとは全く無関係である。しかも賃金体系を固定化してあるため長期的には労務費の増大をきたさないものとみられている。従って定期昇給がベース・アップとは場を異にするにも拘らず、それを否定する形において登場してきたということは企業の実態から労務費を増大せしめるが如きベース・アップはできないという事情にあること、又国際収支の悪化している国民経済の危機の現状からも輸出阻害要因となる製品コスト引上げを齎《もた》らす賃金増額が不可能な点からも定期昇給がせいぜい限度であるということである。…

定期昇給原資即ち査定替え実施に伴う所要財源は、あらゆる条件が正常である場合には、労働者の新陳代謝に伴う賃金の差額がこれに充てられ、人件費は増大もせず減少もしない。このことはしばしばエスカレーターの比喩をもって説明されているが、この場合はエスカ

図1　定期昇給率とベースアップ率の推移（日経連版）

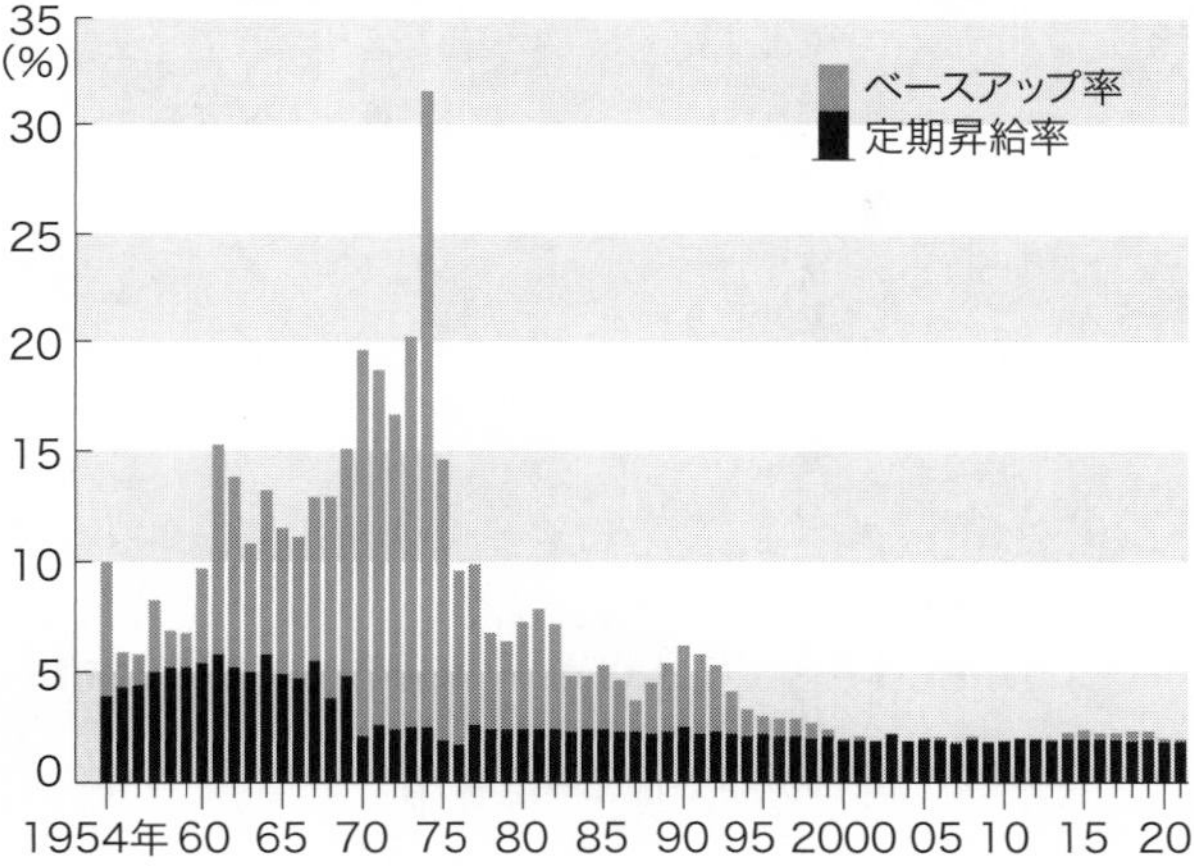

レーターの自動運転を企業内労働者の新陳代謝に又エスカレーターの傾斜を基準線にたとえたのであって、個々の労働者はエスカレーターの各段階、即ち基準線の一定の所に位置し、年々職務遂行能力の上昇によって、段階を昇って行くが、最上段の労働者が企業外へ離職して行き、新たにその代りに最下段に新しい労働者が入り、エスカレーター全体いわば人件費総額は内転して常に一定であることを示している。

この内転のメカニズムについては後に詳しく検討しますが、ここではこれほど熱心に唱道された「ベースアップから定期昇給へ」という政策がどれほど実現したのかを、

図2 定期昇給率とベースアップ率の推移（中労委版）

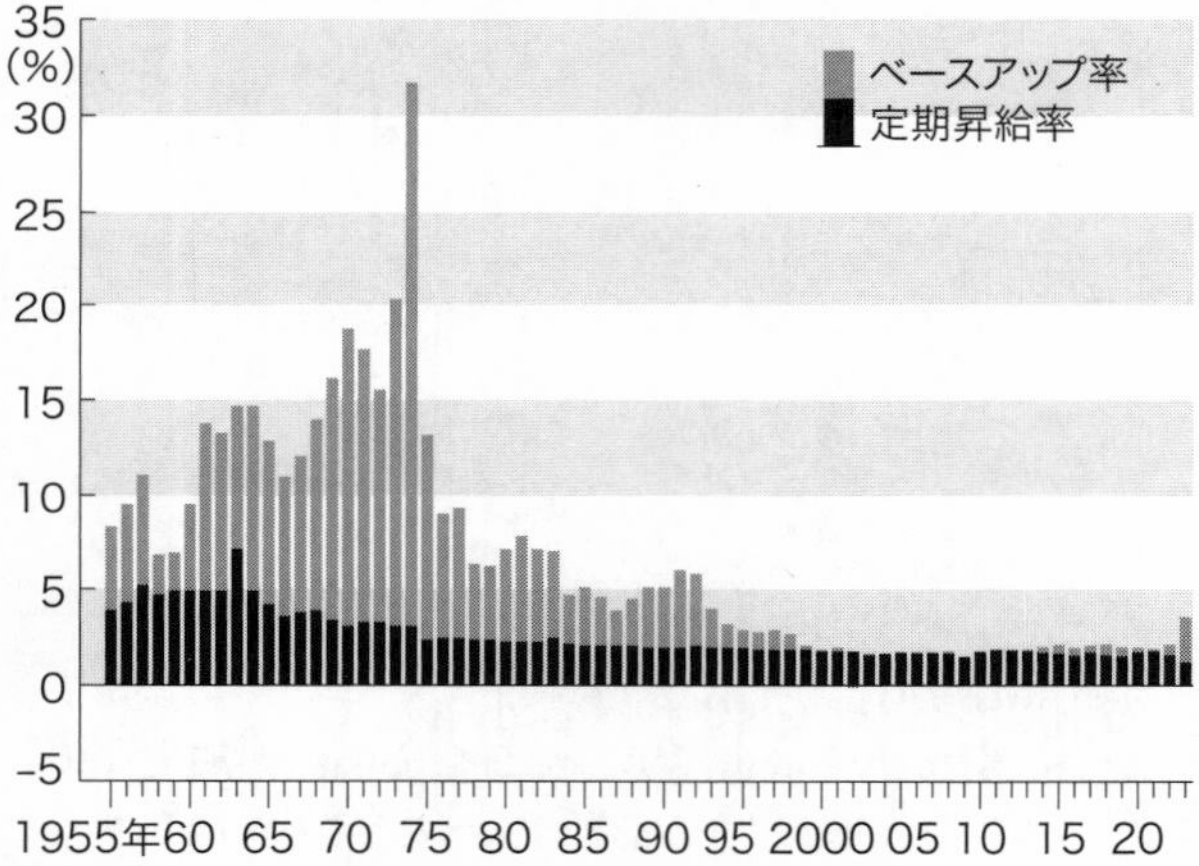

数字で確認しておきましょう。関東経営者協会は一九五四年から毎年「昇給・ベースアップ実施状況調査」を公表してきています。一九八四年からは日経連と連名で、二〇〇二年からは経団連の名で、二〇二一年版まで公表されていますが、二〇二二年からは廃止されました。その数値をグラフ化したのが図1ですが、一九七七年以降は昇給とベースアップの区別のある企業だけが対象であるのに対し、それ以前はそうではないので、厳密には連続性には欠けます。

これと同様の調査がほぼ同時期から、中労委によって「賃金事情調査」の中で行われてきています。対象も調査方法も同じではありませんが、図2のグラフを見ると、この七〇年間の大きな傾向はほぼ一致していることがわかります。

これらのグラフを見て一目瞭然なのは、日経連が「ベースアップの代わりに定期昇給を」と叫んでから約四〇年間の間、ベースアップは消えるどころか、ほぼ毎年定期昇給率よりも高いベースアップ率が実現されてきていたということです。すなわち、一九五〇年代に「ベースアップの代わりに定期昇給を」と主張していた人々が現役で活躍していた間は、その主張は全く実現することはなく、彼らが引退した後、場合によってはこの世から去った後になって初めて、その希望通りベースアップが急速に縮小し、遂にはほぼ消滅したということです。なんとも皮肉な事態ですが、まさか四〇年以上も昔にかけておいた呪いが忘れた頃に効いてきたというわけではないでしょう。この一九九〇年代後半以降のベースアップの消滅については改めて論じる必要があります。ここではこのグラフの形状だけ頭にとどめておいてください。

3　定期昇給のメリットとデメリット

さて、経営側がベースアップの代わりに定期昇給を唱道した最大の理由は、それが人件費の増大をもたらさないはずだからです。先の関東経営者協会の『定期昇給制度に対する一考察』が「個々の労働者はエスカレーターの各段階、即ち基準線の一定の所に位置し、年々職務遂行

図3　年齢構成一定下での定期昇給制による内転

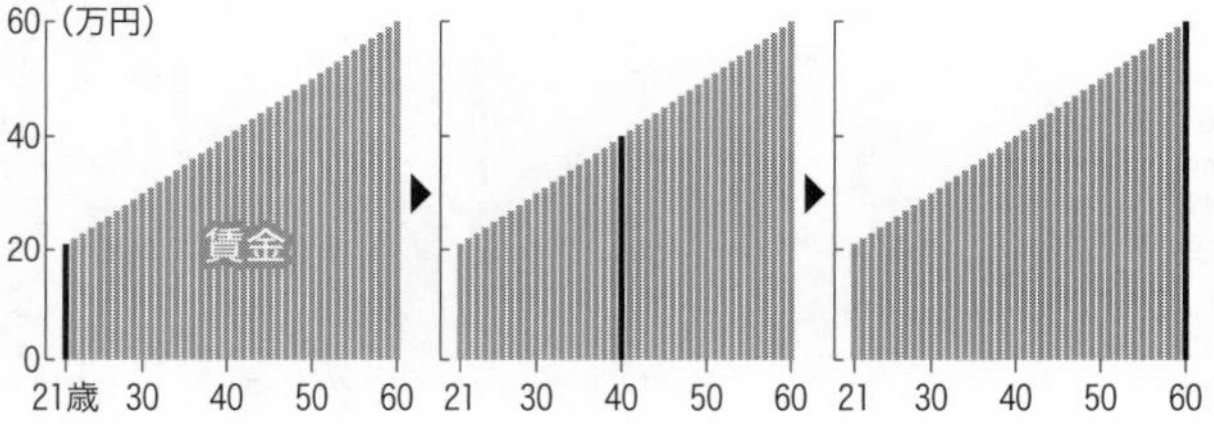

能力の上昇によって、段階を昇って行くが、最上段の労働者が企業外へ離職して行き、新たにその代りに最下段に新しい労働者が入り、エスカレーター全体いわば人件費総額は内転して常に一定である」と述べた通りです。とはいえ、同文書はそれに続けて「しかし人件費が常に一定であるということは、労務構成が一定であるという前提条件をおいている訳であるが、実際にはこのような条件が整っているのではなく、常に労務構成は変動し波状運動を続けており、人件費も短期的にはある程度の増減が起こる」（要旨）と述べています。しかしながら、真の問題は短期的な波状運動にではなく、長期的な年齢構成の変化にこそありました。

この点も、グラフで見たほうがわかりやすいので、まずは年齢構成が変わらない場合の定期昇給による内転のメカニズムを見た上で、年齢構成が変わっていくとそれがどうゆがんでいくのかを図解してみましょう。

図3は、二一歳から六〇歳まですべて一人ずつの企業で、初任給二一万円から毎年一万円ずつ昇給していくというやや非現実的

図4　年齢構成が変化する中での定期昇給制による内転の変調

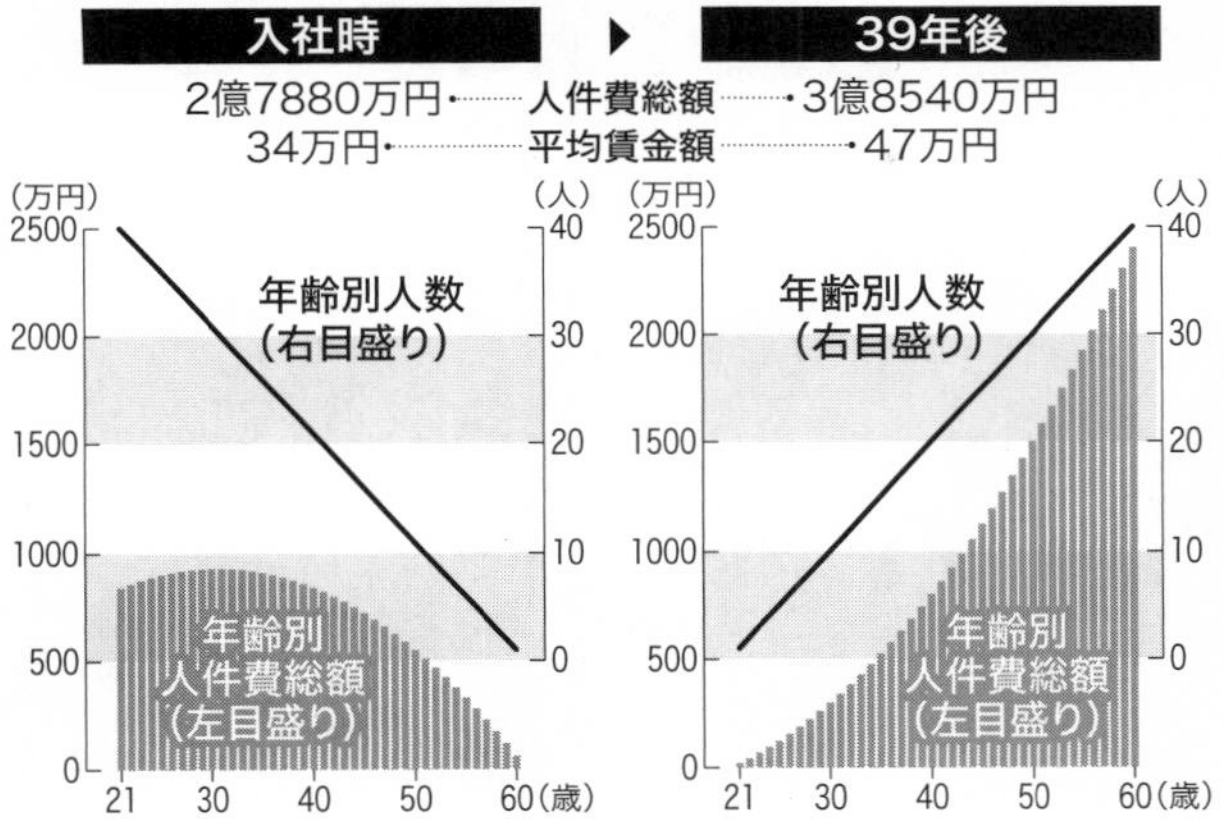

な想定のグラフです。Aさんは入社した一年目は年齢と同じ二一万円でしたが、毎年年齢と同じ賃金額で昇給していき、三九年後には六〇万円になっていますが、この間企業側の人件費負担は全く変わっていません。平均賃金額はAさんが二一歳だったときにも、Aさんが六〇歳になったときにも、常に変わらず四〇・五万円です。

ところが、Aさんが入社したときには、年齢が若い人ほどたくさんおり、年齢が高い人ほど少なかったけれども、毎年入社する人が減っていって、Aさんが退職するときには、年齢が高い人ほどたくさんおり、年齢が若い人ほど少なくなっていたとしたらどうでしょう。こちらもやや非現実的な数値例でグラフを作ってみましょう（図

4）。Aさんの入社した年にはAさんの同期は四〇人、一年先輩は三九人、二年先輩は三八人と年齢とともに少なくなっており、定年前の六〇歳の社員はたった一人でした。しかし、その一人が定年退職した代わりに翌年入社してきたAさんの一年後輩は三九人で、その次の年に定年退職した二人の代わりに入社してきたのは三八人、という具合に進展していき、Aさんが六〇歳になったときには同期は四〇人のままで、一年後輩は三九人、二年後輩は三八人…新入社員はわずか一人だけになっていたとしましょう。

Aさんが入社したときの平均賃金額は、$(21\times40+22\times39+\cdots+60\times1)\div(40+39+\cdots+1)=34$万円でしたが、Aさんが定年退職する直前には、$(21\times1+22\times2+\cdots+60\times40)\div(1+2+\cdots+40)=47$万円になっています。内転により人件費総額は一定であったはずが、年齢構成の高齢化によって人件費が相当に高くなってしまいました。現実の日本社会はこの四〇年間、団塊の世代が通り過ぎる中でおおむねそういう経路をたどってきたわけです。さらにいえば、一九五〇年代の新卒者の過半数は中卒の一五歳で、定年は五五歳であったのが、現在は新卒者の過半数は大卒の二〇代前半で、六〇歳定年後も六五歳まで継続雇用されるようになっていますので、グラフはぐっと右にシフトしており、人件費増はさらに大きいものがあるはずです。

実はこの問題は既に一九六〇年代に日経連自身によって認識されていました。この時期の日経連の春闘向けパンフレットのうち、一九六六年一月の『不況下の春闘と賃金問題』ではなんと定期昇給制度の再検討を訴えているのですが、それは第I部で論じてきたような職務給推進と矛盾するからというわけではありません。むしろ「労務構成のちょうちん型あるいは傘型への移行と相まって、企業の人件費が増加する大きな原因となっている」にもかかわらず、「定昇の完全実施を当然のこととして、別枠で大幅なベースアップが行なわれてきた」ために、「企業の支払能力はその限界にきてしまっている」と訴えているのです。つまり、「問題の所在が大幅賃上げだけにとどまらず、賃金構造そのもののなかにもあること」が明らかであり、従って「この際企業内における賃金構造を根本的に再検討し、…昇給制度を再編成し賃金決定における企業の主体性をとりもどす必要がある」と危機感をあらわにしています。

そういう観点で先の図1、図2を見直してみると、ベースアップが急激に縮小し、ほぼ消滅に至った後も、定期昇給率はほぼ二%のまま堅持され続けていることの意味も違って見えてきます。ベースアップがなくなって定期昇給だけになったからといって、企業の人件費負担が増加していないわけではないのです。

第4章　春闘の展開と生産性基準原理

1　春闘の始まり

ここで一九五〇年代半ばまで戻って、労働運動サイドの「賃金の上げ方」の新機軸を見ておきましょう。俳句の季語にまでなった「春闘」が始まったのは、戦後史の転換点といわれる一九五五年でした。一九五〇年代前半の総評は高野実事務局長の指導下、平和運動など政治闘争に精力が注がれるとともに、尼崎製鋼所（尼鋼）や日本製鋼所室蘭製作所（日鋼室蘭）の地域ぐるみ闘争などが展開されましたが、いずれも刀折れ矢尽きて敗北していくことになり、太田薫合成化学産業労働組合連合（合化労連）委員長らからの政治的偏向との批判を招きました。一九五五年に高野は失脚し、太田副議長、岩井章事務局長の下で、総評は経済闘争路線に舵を切っていきます。このとき、太田が掲げたのが「暗い夜道を一人で歩くのは不安だから、みんなでお手々をつないで歩けば怖くない」という春闘路線でした。

これは、ベースアップ方式が前提とする企業別組合の企業別交渉の問題点を乗り越えるための工夫です。産業別組合が産業レベルで団体交渉をするのであれば、特定の企業だけが損をして特定の企業だけが得をするということはありません。日本でも海員組合と船主協会の団体交渉はそうなっています。ところが、企業別組合が自社だけでベースアップを要求しても、同業他社の賃金が上がらなければ、業界内での競争条件を悪化させることになります。下手にストライキなどやれば、その間に他社にシェアをとられてしまいます。そうならないためにはどうしたらいいかというと、あらかじめ産業レベルで要求額や闘争スケジュールを統一して、その下で各企業ごとに交渉を行っていくのです。いわば、欧米の産業別組合の機能を、企業別組合が共同して分担していこうとするものといえましょう。特に、業績がよく、交渉力がある業種の労働組合をトップバッターに仕立てて、そこで比較的高いベースアップを勝ち取って、それをベンチマークにして他の業種にも波及させていこうとするところに、この方式の妙味がありました。「暗い夜道をお手々つないで」というのは、ですから弱者の連帯という意味だったのです。

一九五五年に春闘が始まったときには、合化労連、炭労、私鉄総連、電産、紙パ労連、電機労連、全国金属、化学同盟の八単産共闘でしたが、次第に他組合も参加するようになり、一九五九年には鉄鋼労連が戦列に加わりました。鉄鋼労連は高度成長期における春闘のパターンセッターとなり、やがて石油危機後のインフレ期には春闘の転換の主人公となります。

日経連や政府が職務給を唱道していた一九六〇年代前半期には、鉄鋼がリードし、造船、電機、合化など重化学工業系がこれに続き、さらに他産業に波及していくというパターンが確立していきました。一九六四年には池田勇人首相と太田薫総評議長の公式会談で、公共企業体の賃金は民間に準拠するということが確認され、春闘は国民経済の重要なファクターになり、俳句の季語にまで出世したのです。

2　生産性基準原理の登場

さて、ベースアップに対抗する賃金の抑え方のロジックとして定期昇給を提起したものの、それではベースアップを抑えきれない日経連は、新たな賃金の抑え方のロジックとして、生産性基準原理というものを持ち出してきます。これはもともと、日本全体のマクロ経済的な生産性上昇率を個別企業における賃金交渉の歯止め役として持ち込もうという議論だったのです。

このロジックが日経連の春闘パンフレットに初めて登場してくるのは、一九六七年一月の『自由化の新段階と賃金問題』です。そこでは、「物価上昇の基本原因は何か」と問いかけ、「国民経済の平均生産性を上回る賃金上昇」のゆえだと答え、「したがって物価騰貴を断つためには、賃上げそのものについて国民経済的視点に立った節度ある賃上げが要請される」と論じます。ではその「節度ある賃上げ」の目安は何かというと、「国民経済レベルでは長期的視野に立って名目賃金の上昇率を、国民経済の実質平均生産性上昇率から人口増加率を差引いた枠内におさめるという原則を貫徹しなければならない」というのが答えです。これが生産性基準原理が生み出された瞬間でした。それは生産性が急激に上昇し、支払能力のある重化学工業をパターンセッターにして、他の生産性の低迷している産業にまで賃上げを波及させようという春闘方式に対して、マクロ経済バランスを持ち出して押しとどめようとするロジックだったのです。

これは、マクロな産業別交渉を拒否し、ミクロな企業別交渉に固執する経営側からすれば、まことに逆説的なロジックであったともいえます。一九六八年一月の『激動する国際環境と日本経済』は、このあたりの機微をこう述べています。

…いうまでもなく、賃金は労使の自主交渉で決定されるべきものであり、経営責任にもとづく賃金決定が基本であり原則である。この意味において、その産業、その企業ごとの収益力や支払能力を背景とした、賃金の自主決定がつらぬかれるべきであろう。しかしながら、全国三六五万にのぼる企業の中、ごく一部の高収益企業で出された高額な賃上げは、たとえそれが特殊な事情によるものであれ、相場と目されて中小企業を含めた全体に影響を与え、結果として、国民経済の実勢をこえた大幅賃上げをひき起こしてきた。……したがって、かりに高収益の企業であっても、企業内の事情だけで判断するのでなく、賃金の自主決定という原則を守りながらも、広く経済全体の情勢を眺め、国民経済の実質平均生産性（実質国民総生産／就業者数）の伸びを勘案して、賃金の安定的な上昇をめざすべきであろう。

さらに一九六九年一月の『新情勢をむかえる物価動向と賃金問題』では、以上の理を論じた上で、「その場合、まず第一に生じる問題は、なぜ個々の企業の団体交渉において、国全体の生産性を配慮せねばならぬかということであろう」と問いを設定し、「賃金はすでに国民経済の将来を左右する戦略的な重要性を持ちつつあり、個別企業における賃金決定の自主性は貫かれながらも、あえてより高い次元での配慮が求められている」と答えています。マクロ経済的な配慮が必要だというのなら、マクロ経済的レベルで（政労使の三者構成の賃金交渉の場で）賃金決定をすればよいではないか、という議論には絶対にしたくない企業別交渉主義の日経連が、ミクロ交渉の場でマクロを配慮した交渉をせよと唱えなければならない苦衷が垣間見えます。

こうして練り上げられてきたロジックに「生産性基準原理」という名が与えられたのは、一九七〇年一月の『七〇年代をむかえた日本経済と賃金問題』です。その副題は「生産性基準原理の確立と高能力経営化」であり、「賃金決定における混乱を整理し、労使双方、あるいは国民諸階層にも納得されうる七〇年代の合理的方式として、われわれは新たに『生産性基準原理』(productivity principle)の確立を提唱したい」と宣言しています。翌一九七一年一月の『転機をむかえた賃金問題と日本経済』では、生産性基準原理の展開のために業種別基準というのを持ち出しています。そして同年のニクソンショックを受けた一九七二年一月の『変革期に立つ日本経済と賃金問題』ではスタグフレーションへの危機感をあらわにしています。図1を見れば、この頃生産性基準原理など歯牙にもかけずに一六%を超える賃上げが続いていたことがわかります。

3　石油危機と経済整合性論

この状況が大きく転換したのは一九七三年の第四次中東戦争によって世界中に広がった石油危機への対応でした。既に田中角栄の日本列島改造論とニクソンショックによってインフレが昂進していたところに、石油価格の暴騰を引き金にいわゆる狂乱物価という事態となり、これを受けて一九七四年春闘では三二・九%という空前の賃上げ率が実現していました。こうした中で、日経連は大幅賃上げの行方研究委員会を設置し、同年一一月に「労使とも国民経済の立場で考え直そう」という副題の報告を公表しました。同報告は「日本経済は現在激しいインフレと深刻な不況の併存するスタグフレーションに見舞われている」という現状認識から始まり、「影響力のある大企業とその組合は、社会的責任の重大性を痛感すべきである。すなわち企業側にも中小企業が多く、労働者の側にも未組織労働者の方が圧倒的に多いにもかかわらず、大企業や大組合が限度一杯の賃上げを実施し、これが世間相場を形成し、一般はこれにならわざるをえないというやり方こそ改めなければならない」と訴え、「民間労使および政府公共企業体労使の話合いによって、五〇年度は経過措置として一五%以下、五一年度以降は一ケタ台の賃上げガイドポストを設ける」ことを提言しています。

見る通り、これは何年も言い続けてきた生産性基準原理そのものであり、目新しい議論ではありません。諸外国では大企業も中小企業も含めて産業レベルで団体交渉し賃金決定しているのですから、春闘方式がおかしいというのであれば産別交渉をする覚悟があるのか、といえばもちろんそんな気はないわけです。とはいえ、狂乱物価のさなかでの大幅賃上げがマクロ経済的な悪影響を与えるという議論自体は全く正当なものであり、諸外国ではそれゆえ所得政策が様々に試みられていました。通常のマクロ経済政策手段である財政金融政策では及ばない労働組合という「国家の中の国家」の行動を賃金抑制の方向に持っていくために、政府が賃上げガイドラインを示す一種のプレッシャー政策です。実際日本でも、一九七四年の大幅賃上げを受けて、政府部内では所得政策が本格的に検討されようとしていました。

ちょうど一九七四年一二月に田中内閣が金脈問題で総辞職し、後継の三木武夫内閣で副総理兼経済企画庁長官となった福田赳夫は、親密な関係にあった鉄鋼労連の宮田義二委員長に所得政策を持ち出したところ、宮田は労働組合が賃上げを自粛するという考えを示しました。その経緯を宮田自身の言葉で語ってもらいましょう（『宮田義二オーラルヒストリー』政策研究大学院大学、二〇〇三年）。

宮田　昭和四八年に石油ショックがありますね。それで、四九年の賃上げというのは、まさにインフレのさなか、三〇数%という賃上げを獲得するわけですけども、福田さんが狂乱物価と言って嘆いたあの時期ですね。当時の一番大きな問題点は、石油ショックというのは、輸入されたインフレーションという捉え方を一般的にはしていたんです。したがって、これはある程度、みんなで負担を分かち合わなければいけないと。…

そこで私は、政府ともいろんな意味でコンタクトをもっておりまして、福田さんとは、私はわりに話の出来る位置にいたし、たとえば、政府との接触で答えが出るのではなくて、話をしようじゃないかと言うと、わかったと言って会ってくれるという、そういう関係にあったわけです。…

それで、四九年に、例の狂乱のインフレによる賃上げがあったことによって、これは、今後このままの状態でいったら、賃上げがコスト・プッシュ・インフレになるんじゃないかと。それでは困るということで、私が福田さんのところに行ったときに、福田さんが、当時、熊谷さんという先生がいたでしょう。

猪木　ええ、大阪大学の、私の大先輩の先生です。

宮田　たしか熊谷先生が「所得政策論」の検討を始めたんです。その所得政策論に、福田さんが興味を持ったんですね。で、この際、所得政策でもやろうかというようなことを福田さんが考え始めたわけです。

猪木　そのときの福田さんは、副総理で企画庁の長官ですね。

宮田　その通りです。

猪木　企画庁が、今おっしゃった熊谷尚夫先生の所得政策委員会で「熊谷報告」というのをつくっていますね。

宮田　そうです。所得政策論が議論になったのです。それで私は、福田さんに「所得政策は俺は反対だ」と言ったわけです。そうしたら、「反対だと言っても、こんな状態で賃上げもやるとなったら、インフレは止まらないじゃないか。所得政策以外、方法がない」と言うから、「労働組合がやめればいいじゃないか。もっと言えば、賃上げを控えればいいだろうが」と言ったんです。

猪木　向こうはびっくりしたでしょうね。立場が替わってしまって（笑）。

宮田　そうしたら福田さんが「うっ」と言うわけです。私は、それならば労働組合が賃上げを控えればいいだろうと。そして所得政策をやめると。なぜ私がそこでそんなことを言ったかというと、…「この所得政策をやったら、民間がせっかくリードしてもってきた賃上げが、また仲裁裁定とか、それと同じようなことになっていく、そんな政府主導の所得政策、賃金決定というのは、俺は大反対だ。俺たちは自分で決めるよ」と言ったんです。

こうして宮田は、経済整合性論といわれる考え方に立って、鉄鋼労連の賃上げ率を一四・九％にとどめ、他の民間労組もこれにならい、全体の平均で一三・一％に低下しました。結果的に日経連のガイドポストも下回る賃上げになりましたが、いうまでもなくこれは日経連の生産性基準原理に賛同したわけではなく、輸入されたインフレはみんなで負担を分かち合わなければならないというマクロ経済的な大所高所に立った判断であったわけです。しかしながら、図1に見るように、それまで上昇の一途をたどっていたベースアップ率は、これ以後波打ちながらも、次第に低下の一途をたどっていくことになります。宮田は経営側との関係で賃上げを自粛したのではなく、政府との関係で自粛したのであり、従って決して労働側が春闘に敗北したというわけではなかったのですが、日経連にとってこれは久しぶりの春闘における勝利であり、生産性基準原理の正しさを証明する事態でありました。こうして一九七五年春闘は戦後賃金史における大きな分水嶺となったのです。

象徴的なのは、春闘の創始者である太田薫が一九七五年七月に『春闘の終焉』（中央経済社）を刊行し、「七五年春闘を終わってみて私は、自らつくり、自ら育てた春闘、具体的にいえば、日本的な賃上げ方式としての春闘方式がスタグフレーションという経済情勢のなかで、労働者の生活すら守れなくなった以上、引導をわたさざるをえないと痛感している」と嘆息していることです。

第5章　企業主義時代の賃金

1　石油危機は労働政策の分水嶺

上述のように、石油危機は労働組合の「賃金の上げ方」に大きな転機をもたらしましたが、それ以上に日本の労働政策の方向性を一八〇度転換させる大分水嶺でもあったのです。

第Ⅰ部で見たように、日経連は既に一九六〇年代後半から職務給指向は希薄化し、能力主義にシフトしていましたが、政府はそう簡単に立場を変えることなく、一九七〇年代前半においてもなおその政策は一九六〇年代の外部労働市場流動化政策の延長線上にありました。それを大転換させるきっかけになったのが石油危機であり、具体的には一九七四年一二月に成立した雇用保険法によって設けられた雇用調整給付金（後の雇用調整助成金）です。二一世紀に入ってからもリーマンショックやコロナ禍でフルに活用されたので知らない人はいないでしょうが、経済的理由により事業活動の縮小を余儀なくされた企業が休業を行い、労働者に休業手当を支払った場合に、その相当部分を雇用保険財政から補填するという仕組みです。もともと一九七四年二月に提出された失業保険法の改正案に対しては、給付の切下げだとして総評が反対し、国会でも一旦審議未了廃案になっていたのですが、石油危機の影響で休業や解雇が拡大すると、総評加盟の民間労組からも雇用調整給付金の早期実施のために法改正を求める声が噴出し、同年末に成立するや、一九七五年一月から施行されるに至りました。労働組合にとっては雇用の維持こそが最優先の政策課題であることを天下に明らかにした事態といえます。

これにより政府も吹っ切れたように企業内雇用維持政策を全面展開していきます。一九七六年五月一四日に閣議決定された『昭和五〇年代前期経済計画』は、「経済変動に際して失業の防止を重点に雇用の安定を図る。このため、配置転換、出向、一時休業、生産調整期間中の教育・訓練等、企業の雇用調整方法の多様化等新しい局面に対応しつつ雇用安定対策の整備を図る」と述べていますし、一九七七年五月一三日成立の雇用保険法改正では、雇用安定事業の目的がそれまでの短期的な景気変動への対応から中長期的な産業構造の変化への対応にまで拡大されました。こうした政策は一九八〇年代を通じて拡大の一途をたどり、一九九〇年代半ばまで継続します。それまで企業を超えて通用する公共職業訓練を主軸に据えてきた教育訓練政策も、企業特殊的技能を身につけるための企業内訓練への援助に大きく舵を切っていきます。私は、この一九七〇年代半ばから一九九〇年代半ばまでの二〇年間を「企業主義の時代」と呼んでいますが、その時代精神は何よりも雇用維持を優先する点にありました。それは第I部で見た賃金制度論の無風時代を生み出した歴史的背景であるとともに、高度成長期に比べてベースアップがかなり控えめに推移していった安定成長期の歴史的条件でもあったのです。

2　雇用が第一、賃金は第二

日経連は一九七六年一月から一九七八年一二月まで四回『賃金問題研究委員会報告』として、その後は毎年『労働問題研究委員会報告』（労問研報告）として、春闘に向けた経営側のスタンスを示すパンフレットを出し続けてきました。

石油危機後のこれら文書は、上記時代精神に沿って雇用の安定を声高に叫び、高い賃上げは労働者の利益にならないと説きます。一九七六年版は「実質賃金と雇用の維持向上のため労使協力を」と題して、「雇用維持と賃上げとはトレード・オフの関係にあり、高率賃上げを実施すると、その反面で雇用削減が広がる公算がある。それでは、労働者全体の生活の維持向上はない。したがって、当面は、労使協力して雇用の安定を優先実現することが必要である」と説き、一九七七年版は「政府が週休二日制を労働者の福祉増進の目玉であると宣伝していたころ、『福祉福祉というが、失業しないことが最大の福祉だ』といいきった労働組合幹部があった。

…われわれは今にして、この労働組合幹部の切実な声に耳を傾けるべきであると思う」と、労組幹部を出汁《だし》にして賃上げを牽制しています。

一九七八年版では久しぶりに生産性基準原理が登場していますが、かつてと微妙にスタンスを変え、「原則的には国民経済生産性を基準として論ずべきであろうが、今日のような業種別・企業別に格差のある経営状態のもとにおいては必要に応じ業種別・企業別に細分化してこれをみる必要がある」と述べ、「高度成長経済時代のようにいわゆる『春闘相場』に右へならえするといった安易な態度は許されないのであり、それぞれの業種、企業ごとの生産性に見合い、それとバランスを保ったものでなければならないのである」と、さりげなく企業単位の生産性基準原理にシフトしています。「生産性基準原理の徹底と官公部門の効率化を」という副題の一九八一年版では、生産性基準原理が「わが国の労働組合にも逐次浸透してきつつあるといってよい」、「第一次、第二次の石油危機によってもたらされた低成長経済下、労働生産性の上昇を伴わない賃上げは、消費者物価の上昇をもたらすだけだということを、身をもって体験し、正しい認識を持ってきたことの結果であろう」と勝ち誇ってすらいます。一九八四年版では、定期昇給制度が「個別賃金の引上げ、総人件費の増加につながる」ことも持ち出して、「多くの労働組合は、今年もいわゆるベースアップを要求しているのであるが、あまりにも長く高度成長経済時代の夢を追い続けすぎているのではないか」とまで揶揄しています。

総評の主力部隊の官公労が石油危機まっただ中の一九七五年にスト権奪還ストを一週間ぶち抜いて大敗北に終わり、その後総評民間労組と同盟、中立労連が中心になって後の連合につながる労働戦線統一に向けて動いていたこの時期、労働組合側も大筋としては経営側と共通する認識の下にありました。もっともそれがベースアップ要求自体の否定にまで及ぶと、さすがに苦言を呈する必要が出てきます。同盟系のシンクタンクである経済・社会政策研究会は、一九八四年二月に『〝逆〟生産性基準原理の提唱——日経連流生産性基準原理の帰結』を公表し、現実には物価上昇率はゼロにならず、生産性基準原理通りの賃金決定は実際には実質賃金マイナスという結果になってしまうと批判し、インフレ抑制ではなく内需拡大が求められる中では、名目ではなく実質の賃金上昇率を国民経済生産性上昇率に合わせていくべきだと論じました。とはいえ、これは基本的には同じ土俵の上での細かな論争に過ぎません。

このように労使の認識が大筋では共通していることを満足げに述べているのは一九八七年版で、「わが国の労使関係が諸外国に比し、きわだって良好なことについては定評があるが、そのようになった最も大きな理由は、わが国の労働組合が企業別に組織され、労働組合も経営者側と同様に企業の社会的存在に対する責任者だとの意識を共有している点にある。戦後の混乱期を経て、労働組合運動も階級闘争一本槍から、労使の十分な話し合いと協力による生産性向上を通じて、労働条件の維持、向上がはかられること、すなわち、企業の繁栄が労働者——その企業の従業員――の幸福につながるという考え方が支配的になってきた。労使関係の良好さはここから生まれたのである」と、メンバーシップ型の雇用システムを褒めちぎっています。こうした日本的経営賛美論は一九八九年版まで続きますが、一九九〇年代に入ると少しずつ変化してくることは第I部で見た通りです。

いずれにしてもこの時代は、労使双方が「雇用が第一、賃金は第二」で大筋一致していることを前提に、労使協調の証として、定期昇給に加えて一定程度のベースアップが維持されていた時代であったといえましょう。その「雇用が第一」が揺らいでいくと、「賃金が第一」になるどころか、逆に定期昇給だけはなんとか堅持する代わりにベースアップはゼロでも仕方がないという時代に突入していくことになります。

3　消費者目線のデフレ推進論

しかしその前に、一九九〇年代初頭を彩ったあるイデオロギーの影響を見ておく必要があります。それは、日本の最大の問題は物価が高すぎることにあり、物価を下げることこそが労使双方にとって最重要課題であるという考え方です。「安すぎる日本」が問題になる今日では想像もつかないかも知れませんが、当時の日本ではそれが常識であったのです。

これが労問研報告で最初に提起されたのは一九八八年版で、「わが国における生活コストが先進主要諸国に比べて高すぎることは明らかである。今後、われわれは消費者物価についての考え方を基本的に変えていかなければならない。…名目賃金の引き上げ中心ではなく物価引き下げの効果で生活水準を向上させる」べきと論じています。一九八九年版では、「名目賃金が世界第一級の水準となった日本人の生活を真に豊かなものとしていくために今必要なことは、消費者物価の水準を徹底的に見直し、上昇率をゼロではなく、マイナスにしていくことである」とまで言い切っています。インフレ抑制からデフレ推進へのシフトです。

この消費者目線のデフレ推進論に、一九八九年一一月二一日に結成されたばかりの連合が見事に乗せられていきます。一九九〇年七月二日に日経連の鈴木永二会長と連合の山岸章会長の連名で出された『内外価格差解消・物価引き下げに関する要望』は、「わが国は、海外諸国より経済大国と称せられるが、反面、勤労国民の生活実感はそれに伴わない、という声は多くの国民の間で最近特に高まりつつある。その主たる原因は、欧米先進諸国に比べ三〇〜四〇％も割高な日本の消費者物価水準にあることは国民の周知するところである」と述べ、「われわれ労使も『真の豊かさ』の実現のためには、内外価格差を解消することが最も有効な解決策である、という共通の認識を持つに至っている」と宣言します。

同日付の物価問題共同プロジェクト中間報告『内外価格差解消・物価引き下げについて——

真の豊かさの実現のために』では、政府、企業、労働組合、消費者が果たすべき役割の四本柱として、①公的規制の緩和・撤廃、②市場原理の徹底・公正競争の促進、③消費者重視の徹底、国民生活の質的向上に貢献する産業構造への転換、④政府、企業、労働組合、消費者の連携・協力を挙げ、さらに「労働組合の果たすべき役割」として、「労働組合は、職業人の顔とともに、消費者の顔をもつ。企業に対しては、労使協議の場等を通じて、消費者の声を産業・企業に反映し、消費者の利益を重視する経営を目指すよう、促すことが求められる」とか、「労働組合自らが消費者意識を高め、消費者に対しては物価引下げに必要な消費者意識や消費者世論の喚起に努めるべきである」とまで言い切っていました。

ちなみに日経連は、一九九〇年版労問研報告では「物価の引き下げが最優先」と言いつつ、「賃金コストの適正化は最大の課題」と述べていました。これまではインフレ防止のための賃金抑制だったのが、デフレ推進のための賃金引下げにつながりかねない議論です。連合は、賃金稼得者としてよりも消費者としての目線を優先したのでしょうか。もちろん、そんなことはなく、一九九〇年連合白書も「立ち遅れた生活の回復と、経済力にみあった実質生活水準の向上、好調な企業業績に対応する正当な成果配分を求めて」、連合としての賃上げ目標を八〜九%としていました。しかし、一方で賃金、つまり生産要素の価格を引き上げることを主張しながら、同時に企業や消費者と連携して価格の引下げに向けて全力投球するというのは、文字の上ではいくらでも両立可能ですが、現実社会においては矛盾する面があるのは否定できません。その結果、消費者にとって嬉しい「安い日本」は、労働者にとっては必ずしも嬉しいものではないのではないのか、という（労働組合本来の）疑問を正面から呈することなく、デフレ推進論に押し流されていったように見えます。

なお、これはもう連合は関わっておらず、日経連だけの見解ですが、一九九三年八月の日経連内外価格差問題研究プロジェクト報告『内外価格差問題解決への取り組み』は、次のようなバラ色の未来像を描き出していました。

物価引下げ→実質所得向上→経済成長

物価引下げによる実質所得の向上は、当然、国全体の実質購買力の増加となる。一九九二年度の数字で考えれば、仮りに三年で一〇％の物価が引き下げられれば、毎年約九兆円の実質所得の向上になるが、これは各年度の雇用者所得を約四％程度も引き上げるのと同じ数字になるということも認識すべきである。

その結果は、国民は新しい購買力を獲得し、そこから商品購買意欲の高まりが生まれる。それにより、企業としても、新商品開発、新産業分野への参入など積極的な行動がとれるようになり、将来の市場動向の安定をみて、研究開発や新規設備投資を行い易い環境となる。このように、個人消費と設備投資の拡大は、経済成長を大いに刺激することになる。

その後の失われた三〇年のゼロ成長からすれば、このもっともらしい経済学的論理回路は現実とは正反対のものであったことがわかります。名目賃金どころか実質賃金も下がり続け、国民の購買力も縮小する中で、その商品購買意欲も（その貧しさに見合った形で）収縮していき、企業の研究開発や設備投資も欧米どころか中国など他のアジア諸国にも見劣りする水準にまで後退し、これらすべてが日本の経済力の劇的な収縮に大きく貢献してきました。消費者目線のデフレ推進論は、労働者でもあるはずの消費者にとって決してバラ色のものではなかったのです。

第6章　ベアゼロと定昇堅持の時代

1　ベースアップの消滅

周知のように一九九〇年代はバブルで始まり、その破裂とともに長期不況のトンネルに突入していった時代です。それとともに、企業主義の時代の雇用維持優先政策が転換し、再び外部労働市場の流動化促進策が拡大していった時代でもあります。その中で、初期には定期昇給率よりも高かったベースアップ率が、みるみる縮小していき、末期にはほぼ消滅するに至りました。そのいきさつをやはり労問研報告の記述を追いながら見ていきましょう。

一九九一年版は既に「いわゆるフロー型労働者を適材適所に据えて活用することも大切」、「雇用システムも、雇いやすく働きやすいように選択の幅の大きい柔軟な制度を考えるべき」と、雇用ポートフォリオ論の萌芽が垣間見えていますが、賃金決定についてはマクロの生産性基準原理とミクロの人件費支払能力論の二本立てで労働側を牽制しています。このスタンスはしばらく維持されますが、『新時代の「日本的経営」』が出された一九九五年版では、「雇用の安定と組織的な生産のために長期的雇用を核とする必要はあるが、これに加えて、企業と働く人のニーズに応じて多様な雇用形態の人材を活用するシステムを確立し、賃金制度も雇用形態に即した柔軟な仕組みを採用すべき」と説き、とりわけ賃金決定に関しては横並び賃上げのいわゆる春闘方式の見直しを提起するに至りました。これは上述のデフレ推進論と表裏の関係にあります。すなわち、「相対的に高い物価水準のために、製造業部門の名目賃金は常に上昇圧力を受け、それが非効率部門の多い非製造業の名目賃金に波及し、国内物価の上昇要因となるという賃金と物価の悪循環を招いているのである。賃金と物価の悪循環を断ち切るためには、…賃金水準を生産性に見合う本来の状態に戻していくことが必要である」というわけです。

一九九六年版でも、勤労者の実質生活水準の向上は内外価格差の解消による物価水準の是正によるべきとしつつ、生産性基準原理に加えて個別企業の支払能力による賃金決定を強調し、いわゆる春闘の見直しを訴えています。一九九七年版ではこれがさらに強調され、中長期の観点から導き出される自社の支払能力に即した「合理的な賃金決定」を掲げるとともに、社会保障負担や退職年金負担も含めた総額人件費管理の視点が重要だと述べています。一九九八年版も同じような論調でしたが、一九九九年版では賃金交渉に関する記述がかなり縮小しています。図1、図2に見るように、一九九〇年代末はベースアップ率がゼロに近づいていった時期です。

もはや声高に春闘の見直しを叫ぶ必要すらなくなったということかも知れません。

この間日本経済はバブル崩壊からの不況が続く中で、一九九五年には阪神・淡路大震災に加えて、急激な円高が進行して輸出産業が打撃を受け、さらに一九九七年には不良債権問題等から大手金融機関の破綻が相次ぐなど、深刻なデフレ状況に陥っていき、完全失業率もじわじわと上昇していきました。そうすると、労働組合側はなかなか大胆なベースアップ要求をしにくくなります。思い出していただきたいのですが、もともとベースアップという賃金の上げ方の基になった賃金ベースという概念は、戦時中の賃金統制令にせよ、終戦直後の公務員賃金や新価格体系にせよ、賃金をいかに抑えるかという問題意識から政府によって作り出された概念でした。それをいわば逆手にとって、賃金ベース打破＝ベースアップを要求していったのが一九五〇年代初頭の労働組合であったわけです。それを可能にした背景としては、一九五〇年から始まった朝鮮戦争による特需景気で企業の支払能力が高まったことがありました。企業がこれだけ儲かっているんだから、労働者にもその分け前をよこせというのは、要求として言いやすいものであったからです。しかし、これを逆に言うと、企業経営が困難な状況にある中で、（ジョブ型雇用社会において個々のジョブの価格引上げを要求するのとは異なり）企業の人件費を引き上げることそれ自体を要求するというのは、かえって言いにくいものになってしまいます。一九九〇年代におけるベースアップの縮小と消滅の背後にあるのは、ベースアップという賃金の上げ方それ自体に潜むこの逆説であったのでしょう。

2　定期昇給の見直し論と堅持

この間、連合の春闘に向けたスタンスも弱気の一途をたどりました。一九九四年には「実質賃金水準の引上げを目指し、五〜六%、二〇〇〇〇円以上」だった要求目標が、一九九五年には賃上げ率（＝定期昇給率＋ベースアップ率）の数字が消えて「生活向上分を確保した実質賃金の引上げを基本に、個別賃金及び額を重視し、平均一四〇〇〇円中心」、一九九七年には「定昇分（二%程度）および生活維持・向上分を基本とし、平均一三〇〇〇円中心」、一九九九年から二〇〇一年までは「生活維持・向上分（ベア）一%」を掲げていましたが、二〇〇二年には遂に、「賃金カーブ維持分＋α」とベアゼロを正面から認める要求目標となったのです。これ以後二〇一三年まではずっと「賃金カーブの確保と賃金カーブ維持分の労使確認」が要求目標であり続けました。もはやベースアップなど要求しないが、定期昇給だけは何が何でも守り抜く、というのがこの時期の労働側のスタンスであったわけです。

一方、日経連側はベースアップ率がゼロに近づくだけでは人件費増に歯止めがかからないと、二〇〇〇年版では「年齢・勤続要素に偏重した仕組みを早急に改革する必要がある」と、定期昇給による賃金カーブのピークの前倒しを主張し始めます。これは第Ⅰ部で見た賃金制度の見直し論と表裏の関係にあります。賃金の抑え方の標的がベースアップをねじ伏せた後定期昇給に向かうと、これは賃金の決め方の議論と交錯することになるからです。二〇〇二年版では、「これ以上の賃金引上げは論外である。場合によってはベア見送りにとどまらず、定昇の凍結・見直しや、さらには緊急避難的なワークシェアリングも含め、これまでにない施策にも思い切って踏み込むことが求められる」と言い切っています。

日経連が経団連に合併されて『経営労働政策委員会報告』（経労委報告）と改題された後の二〇〇四年版ではさらに一歩進めて、「一律的なベースアップは論外であり、賃金制度の見直しによる属人的賃金項目の排除や定期昇給制度の廃止・縮小、さらにはベースダウンも労使の話し合いの対象となりうる」とまで唱えています。定期昇給の凍結・見直しが廃止・縮小に突進するのみならず、ベースアップならぬベースダウンという言葉が、経営側から飛び出すに至ったわけです。ちなみに、興味深いのはその理由付けが「持続的に物価水準が下がるデフレ下では、経済規模が縮小し、企業の売上高や利益も減少していく。このような状況下においては、労働の対価である賃金について、従来以上に付加価値生産性（従業員一人当たりが生み出した付加価値）に準拠しての総額人件費管理を徹底していく必要がある」という点です。この主張自体は賃金制度論として十分正当なものでありうるのですが、その理由付けが「デフレのせいでやむを得ず」というのであれば、そもそも「物価引下げによる実質所得の向上」を礼賛したデフレ推進論の責任はどこに行ったのかという感もあります。二〇〇五年版では、ベースアップ交渉はその役割を終えたとし、「毎年だれもが自動的に昇給するという定昇制度が未検討のままに残っているとすれば、廃止を含めて制度の抜本的な改革を急ぐべき」と述べ、この表現は二〇〇六年版、二〇〇七年版と続きます。

その結果は、図1、図2に見る通り、二〇〇〇年から二〇一三年に至るまで、ベースアップはほぼゼロに張りついている一方、定期昇給は二%弱の水準でまさに「堅持」されました。これは、労使交渉の勝ち負けという観点からすると、定昇廃止すら突きつけてくる経営側に対し、労働側が定昇を守り切ったと評価されるかも知れません。しかし、マクロ経済的には定期昇給は内転により賃金総額を増やさないものなので、この間日本人の賃金はトータルでは全く上がらなかったということになります。もともと定期昇給は日経連がベースアップに代わるものとして、個々人の賃金は上がっても総額人件費は上がらない巧妙な仕組みとして持ち出してきたものであることを考えれば、労働側が定昇堅持に成功したということ自体が皮肉な話ともいえます。あえて厳しい言い方をするならば、賃金総額は何ら上がっていないのに、個々の労働者が定期昇給により毎年賃金が上がったと感じられることをいいことに、賃金が上がったふりをし続けていた時代であったとすらいえるかも知れません。そして、第I部との関連でいえば、定昇の見直しというのは「賃金の上げ方」のみならずむしろそれ以上に「賃金の決め方」の根幹に関わる問題であるにもかかわらず、賃金制度論としての議論抜きにベアなき時代の賃上げとして定期昇給にしがみついてしまったために、賃金のあるべき姿についての労働側の議論が一向に進まないという事態をもたらしたともいえます。

第7章　官製春闘の時代

1　アベノミクスと官製春闘

こうして十数年続いたベアゼロの時代に若干の変化をもたらしたのは、意外なことに自民党政権、それも保守派と目された第二次安倍晋三内閣によるデフレ脱却を目指したアベノミクスでした。二〇一二年一二月の総選挙で大勝して政権に復帰した自民党は、デフレ脱却を旗印に積極的な財政金融政策に加えて、賃金引上げに対しても積極的な姿勢を示したのです。

二〇一三年二月一二日には早速、官邸に経団連、日商、経済同友会のトップを呼んで「デフレ脱却に向けた経済界との意見交換会」を開き、「業績が改善している企業には、報酬の引き上げを行うなどの取り組みを、ぜひともご検討いただきたい」と要請しました。これは、歴史上未だかつてなかった事態です。これまで政府は賃金の上げ方については労使で決めることとして基本的に干渉してきませんでしたし、関与するとしても終戦直後や石油危機当時のように賃金抑制の方向での関与であって、政府、それも経済界を支持基盤とする保守政権が賃上げを唱道するなどというのは、誰にとっても想定外の事態であったといえましょう。

もっともこの段階では、経団連の二〇一三年版経労委報告は「ベースアップを実施する余地はなく、賃金カーブの維持、あるいは定期昇給の実施の取扱いが主要な論点」と言い、「デフレの進行によって実質賃金は大幅に上昇」していると、全く態度を変えていませんし、連合もベア要求はせず、「低下した賃金水準の中期的な復元」を掲げるにとどまっていました。結果的に二〇一三年もベアゼロ、定昇堅持という状況が続きました。政府だけが賃上げを叫んでいたものの、労使はまだ冷めていたわけです。

これに対して官邸は、二〇一三年九月二〇日から労使団体のトップと有識者からなる「経済の好循環実現に向けた政労使会議」を開催し、毎回安倍首相が締めくくりの挨拶で賃上げを強く求めました。同会議では経済界トップから賃上げに前向きな発言がなされ、同年一二月二〇日にとりまとめられた『経済の好循環に向けた政労使の取組について』という文書では、「デフレ脱却に向けて経済の好循環を起動させていくためには、まずは経済の好転を企業収益の拡大につなげ、それを賃金上昇につなげていくことが必要である」と述べた上で、政府が企業による賃金引上げの取組を促進するため所得拡大促進税制（企業が給与支給額を増額させた場合に、法人税額の一部を控除する制度）を拡充するとともに、賃金上昇について経済界への要請を行う等が明記されました。

こうした政府の圧力の下で、連合は十数年ぶりに定昇二%確保に加えて一%のベアを要求しました。一方二〇一四年版経労委報告は「企業労使には、自社のおかれている状況などを踏まえるのはもちろんのこと、日本経済再生の一翼を担っているとの気概《ママ》を持ちながら、さらなる成長に向けた対応を含め、より広い視野に立って議論を深めていく姿勢が求められる」と政権の意に沿いつつ、「自社の支払能力に基づき判断・決定するという原則は揺るがない」と、苦肉の表現をしています。結果的に、二〇一四年は久しぶりにそれなりのベースアップが実現しました。この年からは、連合の最終回答集計によってベアと定昇の推移を見ていきましょう（図5）（二〇二四年は第六回集計）。図1や図2とは調査対象や方法が違いますが、大きな傾向は変わりません。

とはいえ、このグラフを見ればわかるように、ベアが復活したといってもほとんどゼロだったのが〇・何%になった程度であり、堅持されている定期昇給と併せてなんとか二%を超えているに過ぎません。

安倍政権は二〇一四年九月二九日からも再度「経済の好循環実現に向けた政労使会議」を開催し、同年一二月一六日にとりまとめた文書では「政府の環境整備の取組の下、経済界は、賃金の引上げに向けた最大限の努力を図るとともに、取引企業の仕入れ価格の上昇等を踏まえた

図5　定期昇給率とベースアップ率の推移（連合版）

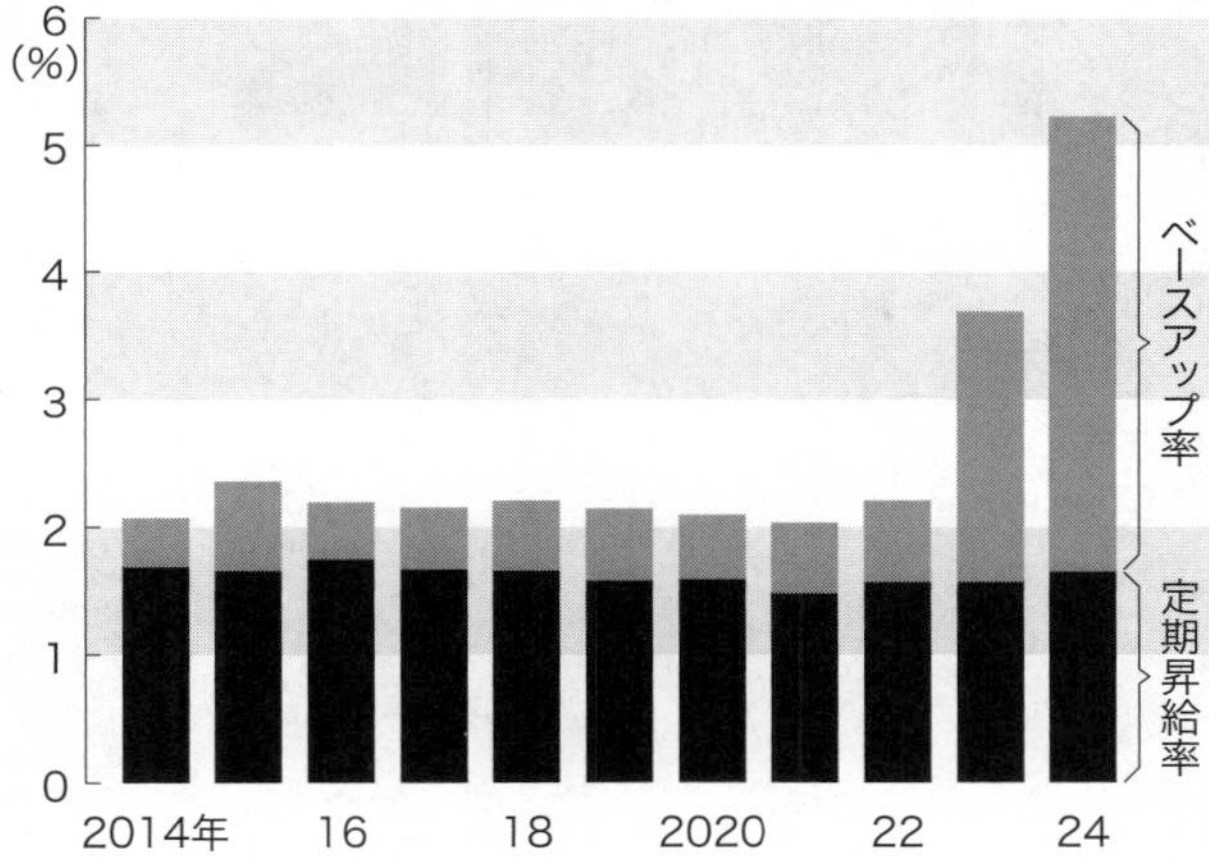

価格転嫁や支援・協力について総合的に取り組むものとする」とまで書き込みました。連合も二〇一五年春闘に向けて、ベア二％以上という要求を掲げました。二〇一五年版経労委報告は、一方で連合の二％ベアを「納得性が高いとはいえない」と退けつつ、「経済の好循環の二巡目を回していくために求められることは、収益が拡大している企業のより積極的な対応である」と賃上げを慫慂《しょうよう》するという苦肉の表現です。この年の春闘では、ベア率がさらに伸びましたが、それでも定昇率の半分以下であることに変わりはありません。

　このように、政府、というよりもむしろ官邸の掛け声で労使が賃上げに重い腰を上げるという事態を、マスコミは「官製春闘」

と呼びました。労働組合サイドは面白くなかったようですが、客観的に見ればその通りであったといえます。ただし、安倍政権期の官製ベアはずっと定昇の半分以下で推移し、決してかつてのような大幅賃上げが復活したわけではありません。安倍政権は二〇一六年から働き方改革を掲げて第Ⅰ部で見た同一労働同一賃金政策に踏み込んでいきますし、この間第Ⅲ部で見る最低賃金の引上げも続いているなど、賃金のあらゆる方面にわたる政策に邁進していましたが、官製春闘による賃上げ唱道はなお、二〇二二年まではベアが定昇を下回る結果にとどまっていたのです。

2　ベースアップの本格的復活？

安倍政権が始めた官製春闘をさらに進めて、定期昇給を大きく上回るベースアップをもたらしたのは、二〇二一年一〇月四日に成立した岸田文雄政権です。岸田政権は第Ⅰ部で見たように職務給を唱道するとともに、第Ⅲ部の最低賃金の引上げにも熱心ですが、とりわけこのベースアップには力を入れました。同月直ちに設置された新しい資本主義実現会議では翌一一月八日に『緊急提言～未来を切り拓く「新しい資本主義」とその起動に向けて～』を公表し、その中で「成長と分配の好循環を実現するための鍵は賃上げである」と述べ、「来春の労使交渉では、新しい資本主義の考え方に基づいて、労働分配率の向上に向けて、事業環境に応じた賃上げが行われるよう、政府、民間企業、労働団体がそれぞれの役割を果たしていくことが必要である」としています。あまつさえ、同月二六日の同会議では岸田首相自ら「民間側においても、来年の春闘において、業績がコロナ前の水準を回復した企業について、新しい資本主義の起動にふさわしい三％を超える賃上げを期待」するとまで踏み込んだ発言をしました。経団連の二〇二二年版経労委報告も、「収益が高い水準で推移・増大した企業においては、制度昇給の実施に加え、ベースアップの実施を含めた、新しい資本主義の起動にふさわしい賃金引上げが望まれる」と、精一杯のリップサービスをしています。連合も「賃上げ分二％程度、定期昇給相当分（賃金カーブ維持相当分）を含め四％程度」を要求しましたが、二〇二二年春闘では、ベースアップは定昇の半分以下というそれまでと同じ結果に終わりました。

同年六月七日に策定された『新しい資本主義のグランドデザイン及び実行計画』では、「我が国の大きな課題として、単位時間当たりの労働生産性の伸びは決して諸外国と比べても悪くないにもかかわらず、賃金の伸びが低い。賃金が伸びなければ、消費にはつながらず、次なる成長も導き出せない。労働生産性を上昇させるとともに、それに見合った形で賃金を伸ばすために、官民で連携して取り組んでいく」と述べ、「新しい資本主義実現会議において、価格転嫁や多様な働き方の在り方について合意づくりを進めるとともに、データ・エビデンスを基に、適正な賃金引上げの在り方について検討を行う」ことを宣言しました。同年一〇月四日の『「新しい資本主義のグランドデザイン及び実行計画」の実施についての総合経済対策の重点事項』では、「持続的な成長と分配の好循環を達成し、また内閣の掲げる新しい資本主義を実現し、そして、分厚い中間層を形成していくためには、短期・中長期にわたる賃上げが不可欠。短期においては、コストプッシュ型で物価が上昇しているので、政府としては、物価上昇率をカバーする賃上げを来春の賃金交渉において目標にして労使で議論いただきたい」と慫慂《しょうよう》しています。

経団連の二〇二三年版経労委報告も、コストプッシュ型インフレの状況下にあっても「足下の物価上昇を契機として、長らくわが国社会に染みついたデフレマインドを払拭し、賃金と物価が適切に上昇する『賃金と物価の好循環』を形成していく必要がある」との姿勢を明確にし、「近年に経験のない物価上昇を考慮した基本給の引上げに当っては、制度昇給（定期昇給、賃金体系・カーブ維持分の昇給）に加え、ベースアップ（賃金水準自体の引上げ、賃金表の書き換え）の目的・役割を再確認しながら、前向きに検討することが望まれる」とまで踏み込みました。連合も「賃上げ分を三％程度、定昇相当分（賃金カーブ維持相当分）を含む賃上げを五％程度」を要求し、その結果二〇二三年春闘では、ベースアップ率が二・一二％と二％を超え、一九九二年以来三〇年ぶりに定期昇給率（一・五七％）を上回りました。

二〇二三年五月一六日に策定された『三位一体の労働市場改革の指針』では、第I部で見たように三位一体の労働市場改革を進めることで、「構造的賃上げを通じ、同じ職務であるにもかかわらず、日本企業と外国企業の間に存在する賃金格差を、国毎の経済事情の差を勘案しつつ、縮小することを目指す」と、賃金の決め方（職務給）と賃金の上げ方（賃上げ）が一体となった書き方になっています。この「構造的な賃上げ」という言葉は、二〇二四年版経労委報告でもキーワードとして使われており、「『社会性の視座』に立って賃金引上げのモメンタムを維持・強化し、『構造的な賃金引上げ』の実現に貢献していくことが、経団連・企業の社会的な責務である」とまでコミットしています。この結果、二〇二四年春闘では（六月五日の第六次集計では）ベースアップ率は三・五四％と、定期昇給率の一・六四％の二倍を超え、本格的なベースアップの復活を印象づけました。

3　ベースアップ型賃上げの将来

このように、ほぼ三〇年ぶりにベースアップ型の賃上げが復活したとはいえ、それで万歳というわけにはいきません。そもそも本書で見てきたように、ベースアップ概念の基になった賃金ベースとは賃金を上げないための概念でした。その賃金抑制のための概念を逆手にとって、賃金ベース打破＝ベースアップを要求するというスタイルが四〇年にわたって続いたのですが、その根っこには企業単位の支払能力という枠が厳然として存在します。戦後期の急進的で対立的な労働運動ならともかく、高度成長期以後の穏健で労使協調的な労働組合には、企業経営にとって無理なベースアップを要求することはそもそも困難なのです。第二次安倍政権、岸田政権と、過去一〇年の賃金引上げが官邸主導による官製春闘とならざるを得なかったのも、ベースアップという日本独特の賃上げ方式の本質に根ざすものであったというべきでしょう。

では今後の賃上げはどういう方向に向かうべきなのか。岸田政権の新しい資本主義の諸文書を見る限り、賃金の決め方（賃金制度）を職務給の方向に向かわせ、各職務の値段を引き上げていくというジョブ型雇用社会ではごく普通の在り方を展望しているようにも見えます。とはいえ、第I部で見たように、その道がなめらかであるわけではありません。

第Ⅲ部　賃金の支え方

第Ⅲ部では、国家が賃金水準に直接介入する数少ない領域である最低賃金制の有為転変の歴史を簡単にたどるとともに、類似の制度にも目を配っておきたいと思います。

第1章　最低賃金制の確立

最低賃金制とは、国家が賃金額について法的強制力を持って最低限度を定め、それ以下での賃金の支払いを許さない制度です。労働条件法制の中では、安全衛生や労働時間の規制に比べ発達が遅れましたが、一八九四年にニュージーランドで制定された産業調停仲裁法を嚆矢《こうし》として欧米諸国で累次設けられるようになり、一九二八年の第一一回ＩＬＯ総会で最低賃金制の創設に関する条約（第二六号）が採択されるに至りました。

日本では、一九一九年に大日本労働総同盟友愛会が最低賃金制の確立を要求したのに始まり、労働組合のスローガンとして取り上げられました。しかしながら、日本で最初に最低賃金制を立法化したのは、第Ⅰ部、第Ⅱ部でさんざん見てきた戦時下の一九三九年三月の賃金統制令だったのです。

1　業者間協定の試み

ただし、日本の最低賃金制の歴史を考えると、その前に触れておくべきエピソードがあります。戦後の業者間協定方式の先行型ともいえる仕組みが、戦前に検討されたことがあるからです。

一九三三年から一九三五年頃にかけて、中小零細企業の間に業者間の不当競争を主因として極端な低賃金や長時間労働など劣悪な労働条件が発生しました。これは社会政策的見地からも黙視できない事態であると考えた内務省社会局は、同業組合等への指導により中小企業の労働条件の適正化を図りました。そして、労働条件に関する協定の強化に関する法案要綱を作成し、一九三五年二月の社会局参与会議に提出したのですが、結局議会に提出されませんでした。そこでは、同業者団体が労働条件又はこれに直接影響ある事項につき協定を結び、加盟者三分の二以上の同意を得て申請した場合には、行政官庁がその同業者団体の加盟者又はその地区内の同業者に対して、その協定によるべきことを命ずることができ、この命令に違反すると罰金が科されるとともに、行政官庁による臨検も規定されていました。

2　賃金統制令

日本における最低賃金制は、戦時下における賃金統制令という形で、最高賃金とともに導入されました。一九三九年三月三一日に制定された第一次賃金統制令は、日本の法令として初めて賃金の最低額を法定したのです。具体的には、厚生大臣又は地方長官は未経験労働者の初給賃金を定めることができ、事業主が未経験労働者を雇い入れたときは三か月、その初給賃金に準拠して賃金を支払わなければなりません。本書に再三登場してきた金子美雄は、これについて次のように述べています。

…賃金統制令のいきさつについては、ちょうど昭和一三年に軍需工場の間での労務者の引き抜き防止のための就業者雇入制限令ができた。厚生省労働局は本来労働者の保護ということを立場にしていたので、自由な労働の移動が禁止されると、労働条件が低下するのではなかろうかということを憂えた。それを防ぐために一定の賃金の基準なり、あるいは最低賃金なりを作る必要があるのではないかというようなことが、賃金統制令を立案する厚生省としての政策的な目標であった。だから、後世というと大げさだが、一般に賃金統制を、いわゆる総額制限とか最高賃金という形で、所得政策と同じように賃金の上昇だけを禁止する政策という風に思われるのはちょっと違う。

翌一九四〇年一〇月一六日の第二次賃金統制令は、平均時間割賃金という形で年齢に基づく賃金制度を強制するとともに、総額制限方式によって戦後のベースアップ方式の基を作った重要な法令ですが、最低賃金制の発展史の上においても極めて重要な位置を占めています。すなわち同令第九条は、厚生大臣又は地方長官は賃金委員会の意見を聴き一定の労務者につき最低賃金を定めることができるとし、雇用主はこの最低賃金の定めがある労務者につきその最低賃金の額を下回る賃金をもって雇用することができないと規定し、明確に最低賃金制を導入したのです。

ちなみに、当時厚生省労働局賃金課にいた大西清治は、『改正賃金統制令に就いて』（名古屋商工会議所）の中で、同令における最低賃金制の趣旨を次のように述べています。労使交渉の延長線上のものではなく、国家の国民に対する家父長的政策として位置づけられているのは、もちろん軍国主義という時代背景のゆえではありますが、近年の最低賃金制において労使交渉の代替物としての産業別最低賃金が軽視され、非正規労働者向けの地域別最低賃金ばかりが注目されるという事態の遠因をなしているのかも知れません。

この最低賃金制は欧米の各国においては既に相当古くから採用されておりました、労働者保護に関する一つの規定があったのであります。しかし欧米の最低賃金制と、今回我が国が統制令の中に取り入れました最低賃金制とは、ややその趣を異にしているのではないかと私どもは考えているのであります。欧米の最低賃金制は、労働組合と資本家側の組合が相対立していた時、労働組合の方の要求として最低賃金制の必要があるというので出来たのであって、そういう意味において最低賃金制がそれぞれの国において決定されているのであります。

しかるに我が国における今回の最低賃金制は両者が相対立して、それの一つの妥協点として最低賃金制というものを統制令の第九条として採り入れたというわけでは毫《ごう》もないのであります。これは国家として労働者の最低生活を保障する必要性がある結果、今回九条の中に最低賃金制を取り上げることにした次第であります。従ってこの最低賃金制に基づき決定されます具体的な数字は、いやしくも労働者の生活を保障するに足る最低額を意味しなければならぬことは当然の結果として現れてくる問題であります。

これに基づく男子未経験労務者の最低賃金額は地域別年齢別に定められました。第一級地か

表10 第二次賃金統制令による男子未経験労務者の最低賃金（銭）

年齢	第1級地	第2級地	第3級地
12–13歳未満	52	48	40
13–14歳未満	55	51	43
14–15歳未満	59	55	47
15–16歳未満	66	58	51
16–17歳未満	73	66	54
17–18歳未満	80	73	61
18–19歳未満	87	80	68
19–20歳未満	94	87	75
20–22歳未満	105	94	83
22–24歳未満	116	101	90
24–30歳未満	128	109	98

第1級地：東京府等6府県、第2級地：北海道等21道県、第3級地:青森県等20県

ら第三級地までの位置づけは、戦後地域別最低賃金の目安におけるランク制を彷彿とさせます。

なお第二次賃金統制令は、戦前検討されていた業者間協定方式も実現させました。すなわち、雇用主相互間又は厚生大臣や地方長官の指定する組合・団体が賃金協定をして認可を受けたときは、その雇用主又は組合・団体の構成員はその協定によらねばならず、さらに地方長官は未参加や未加入の雇用主に対してその協定に従うよう命じることができるとの規定を設けるとともに、協定をするよう促すことまでできることとしたのです。

これに基づき一九四二年四月二四日、東京府の警視庁は和洋建具製造加工修理業等

七業種の同業組合を指定し、賃金協定加入命令を発しています。これは戦後の業者間協定方式の直接の先行型といえます。

3　労働基準法の最低賃金規定

一九四七年四月七日に公布された労働基準法は、国会制定法として初めて最低賃金の根拠規定を設けました。その規定ぶりは「行政官庁は、必要であると認める場合においては、一定の事業又は職業に従事する労働者について最低賃金を定めることができる」（第二八条）と、産業別・職業別最低賃金のみを規定し、地域別ないし全国一律最低賃金は予定していなかったように見えます。最低賃金の審議のために、中央と地方に賃金委員会（後に賃金審議会に改称）を置くことや、最低賃金の効力の例外を障害者、短時間労働者、試用期間中の者とすることも規定しています。

労働基準法は厚生省労政局労働保護課で寺本廣作課長以下が原案を作成したものですが、賃金条項については同局給与課で金子美雄課長以下が原案を作成しました。松本岩吉『労働基準法が世に出るまで』（労務行政研究所、一九八一年）によると、「寺本さんと金子さんの間でしばしば激論が交わされた」そうです。最低賃金については紆余曲折があり、給与課では賃金統制令等を改正して新たに最低賃金を中心とする賃金立法を作る作業をしていたのですが、そこに第Ⅰ部に出てきたGHQ労働諮問委員会の最終報告がストップをかけ、労働基準法の中に最低賃金条項を入れることで決着したのです。

…現在の状態では、統一的に最低賃金を設定しても、あまりに低すぎるために意味がないであろうし、また非常に多くの労働者にとって実質賃金の増額を必要とし、その結果物価水準を引上げる不可抗的圧力となろう。この理由により、われわれは最低賃金案は据置きにさるべきであると信ずる。…

将来労働者の利益を保護するために、将来のある一定時日に最低賃金の制定のため、広い法律上の権限が立案される新労働法令の中に包含されることはこれは望ましいことである。…

一九四七年九月一日に労働基準法施行と併せて労働省が設置され、金子は労働省労働基準局給与課長となりましたが、翌一九四八年八月に労働統計調査局長となり、金子を引き継いで労働基準局給与課長となったのは宮島久義です。彼は一九五五年まで七年間もこのポストに在り、労働基準法に基づく最低賃金の実現に奔走しました。第Ⅱ部で見た一九四八年から一九四九年にかけてのデフレ政策で最低賃金に対する論議が高まり、また講和条約に向けて海外からのソーシャルダンピングの批判をかわす狙いもあって、政府は遂に一九五〇年一一月二日、中央賃金審議会を設置しました。その委員は、労働側が太田薫、高野実、滝田実ら、公益が有沢広巳、中山伊知郎、藤林敬三ら錚々たる面々です。中央賃金審議会は三年半に及ぶ審議の結果、一九五四年五月二一日「最低賃金制に関する答申」を提出しました。答申は基本方針として、一般産業の労働者を対象とするものと低賃金業種の労働者を対象とするものの二本立てを原則としつつ、さしあたり低賃金業種に設定することとし、具体的には絹人絹織物製造業、家具建具製造業、玉糸座繰生糸製造業、手漉き和紙製造業の四業種を選定しました。その水準は当該業種の成年単身労働者の最低生活費と当該業種の賃金支払能力を併せ考慮し、地域別、職種別、年齢別に設定すべきとしています。また、最低賃金制の施行がこれら業種の経営に与える圧迫を緩和するために、金融、税制などの優遇措置を講ずべきとしています。

ところがその直前の同年三月九日に日経連は公益側答申案に対する意見を公表し、中小企業の現状では最低賃金の実施は困難であり、そもそも日本における労働構造の特質から最低賃金の実施は慎重考慮を必要とする等と述べて、反対の意を鮮明にしました。また、通商産業省等の関係官庁が四業種にのみ優遇措置を講ずることは中小企業対策として他の業種との関係で許されないと反対したため、四業種に対する最低賃金の実施も困難とされ、結局実現に至りませ

表11 日本社会党最低賃金法案（第1次）（円）

	満18歳以上	満17歳以上	満15歳以上
1箇月につき	6000	5500	4500
1週につき	1440	1320	1080
1日につき	240	220	180
1時間につき	30	27.50	22.50

んでした。

一方、一九五四年四月には当時左右両派に分裂していた社会党がそれぞれ全国一律方式の最低賃金法案を国会に提出し、一九五六年左右合同後はこれを一本化しました。同年四月一二日に提出された法案は、最低賃金額を表11のように定めていました。

4　業者間協定方式の登場

この状況に転機をもたらしたのは、一九五六年三月六日に、かつお、まぐろ、みかんの缶詰を製造する業者からなる静岡缶詰協会が缶詰調理工の初給賃金について結んだ業者間協定でした。これは、満一五歳缶詰調理工の初給賃金を一日（八時間）一六〇円とするとともに、表12のような最低賃金基準表を設定したものです。この背後には、長く中央賃金審議会の事務局を務めながら遂に答申の実現に至らず、一九五五年

表12 **静岡缶詰協会初給賃金協定（新制中学卒業女子工員）**

（円）

入社後	1年未満	1年以上	2年以上	3年以上	4年以上	5年以上
15歳	160					
16歳	165	170				
17歳	170	175	180			
18歳	175	180	185	190		
19歳	180	185	190	195	200	
20歳	185	190	195	200	205	210
21歳	185以上	190以上	195以上	200以上	205以上	210以上

三月に労働省給与課長から静岡労働基準局長に異動していた宮島久義がいました。本省課長から地方局長への異動は左遷ではありませんが、夢破れて都落ちという気分だったと思われます。前任給与課長の金子美雄は、「業を煮やして、彼は彼なりにうさを晴らした」と評しています（「座談会 最低賃金法施行二〇周年にあたって」金子美雄発言『労働基準』一九七九年一〇月号）。

なお宮島は本協定の紹介記事（「静岡県下における缶詰調理工女子の賃金協定について」『賃金通信』一九五六年六月上旬号）で、本協定の動機について、アメリカ議会で包括的輸入制限法案が提案され、その中で輸出国の低賃金を問題にしていたことから、新聞紙上で「低賃金の輸出産業は国辱」と非難されたことなどを挙げ、静岡缶詰協会が事態を憂えて当局に依頼があり、一九五五年一二月同協会に労務協議会を設置して審議した結果、締結に至ったと述べています。また別の講演では、「私が静岡に行ったときに缶詰関係の業者から相談を受けて私が指導して作らせたもの」と語っています（「職務給の確立と最低賃金制」『日労研資料』一九五七年六月一日号）。

おそらく宮島はこの成果をもって労働省幹部に直談判し、これでいくべきだと訴えたのでしょう。協定締結翌月の一九五六年四月一〇日労働省大臣官房に給与審議室が設けられ、公労使三者構成の労働問題懇談会に諮問しました。労働問題懇談会は一九五七年二月一五日「最低賃金に関する意見書」を提出し、「政府が法律に基づく最低賃金を速やかに実施する努力を行うとともに、他方、最低賃金の実施を受け入れることのできるような社会的経済的基盤を育成する必要がある。そのため可能な産業に、業者間協定による最低賃金方式を採用することは、適当な方策であろう」と、これを後押ししました。

そこで、労働省は一九五七年四月一二日、労働事務次官から都道府県労働基準局長にあてて「業者間協定による最低賃金方式の実施について」（労働省発基第六一号）を通達し、自主的協定締結の機運の醸成と積極的な援助を行うよう指示しました。その結果、一九五九年三月末で協定締結件数一一三件、協定参加事業所数九〇五五社、適用労働者数九五三二六人に及びました。最も多い業種は繊維工業で、それぞれ三〇件、四二八四社、三〇三七八人です。

5　業者間協定方式の最低賃金法

これと並行して、一九五七年七月二七日には中央賃金審議会での議論が再開され、労使の意見対立の中、公益委員のみによる小委員会を設けて意見をとりまとめ、労使も了承して同年一二月一八日に答申を提出しました。その内容は、業者間協定、業者間協定の拡張適用、労働協約の拡張適用及び以上が困難な場合に行政官庁が最低賃金審議会の意見を聞いて定める方式の四方式を並列し、実質的には業者間協定方式を中心とするものでした。政府はこれに基づく最低賃金法案を、一九五八年二月一五日に国会に提出しました。

上述のように国会には社会党の最低賃金法案が提出されており、政府提出法案はこれと一括審議され、二回衆議院を通過したのですが審議未了となり、一九五九年四月七日にようやく成立に至りました。法律上は業者間協定による最低賃金（第九条）、業者間協定による地域的最低賃金（第一〇条）、労働協約による地域的最低賃金（第一一条）を原則とし、これらが困難なときに一定の事業、職業、地域の労働者についての最低賃金審議会の調査審議に基づく最低賃金（第一六条）という規定となりました。なお、一九五六年に廃止されていた労働基準局給与課は、賃金課という名称で復活しました。

法律に基づく業者間協定による最低賃金の第一号は、静岡缶詰協会及び焼津水産加工協同組合連合会からの申請に基づき、静岡地方最低賃金審議会への諮問答申を経て、一九五九年八月に決定されました。その後一九六〇年末には、決定件数二六〇件、適用労働者数四五万人に至っています。とはいえ、これは全労働者の数%に過ぎません。労働省は一九六一年一月、最低賃金普及計画を立て、三年間で適用労働者数を二五〇万人にすることを目指し、実績は二九〇万人に達したということです。

しかし、業者間協定方式という「世界に類例を見ない独特の最低賃金決定方式」に対しては、総評を中心に「ニセ最賃」との批判が強く、一九六一年三月広島県労働組合会議加盟の組合員から広島労働基準局長を相手取って広島県輸送用機械器具製造業最低賃金の取消しを求める訴えが出されました（訴えの利益がないとして却下されています）。

もっとも、一九五九年最低賃金法は業者間協定のみでなく、労働協約による最低賃金も規定していたのですが、実際に自らが締結した労働協約に基づき全国レベルの最低賃金を申請し、決定に至ったのは全繊同盟（現在のUAゼンセン）だけで、地域レベルのものを含めても八件に過ぎませんでした。急進的な要求を掲げながら企業別組合の実態から最低賃金の労働協約すら締結できない日本の労働組合の実情を示すものともいえます。

全国綿紡績業地域的最低賃金（一九六三年一一月一六日決定）
一　適用する地域　全国
二　適用する使用者　綿紡績業（…）を営む使用者
三　適用する労働者　前号の使用者に使用される常用労働者であって、綿紡績業に係る業務に従事するもの。ただし、試みの試用期間中の者及び雇入れ後二箇年に満たない者を除く。
四　前号の労働者に係る最低賃金額　一日　三四六円

なお、これと労働組合法第一八条による労働協約の地域的一般的拘束力制度とはよく似ていますが、最低賃金法では労働協約そのものに一般的拘束力を与えるのではなく、労働大臣又は都道府県知事が最低賃金の決定をすることとされ、従って労働協約が失効しても最低賃金自体は有効です。このため要件も微妙に違い、一般的拘束力のほうは労働者の大部分適用ですが最低賃金のほうは労使の大部分適用ですし、また一般的拘束力のほうは一の労働協約に限りますが、最低賃金のほうは実質的に内容を同じくする二以上の労働協約でもよいとされています。これは企業別に同じ内容の労働協約が結ばれた場合も対象にしようとしたものです。

また、最低賃金審議会の調査審議に基づく最低賃金は、エネルギー革命の中で合理化を迫られる石炭鉱業において、炭労の申請に基づき一九六二年一二月一二日に決定されたものがあります。もっとも、これは炭鉱労働政策の一環と見るべきでしょう。

6　業者間協定は最低賃金の黒歴史か

さて前述のように、最低賃金に関しては一九二八年にＩＬＯ第二六号条約が採択されています。政府は一九五八年に最低賃金法案を国会に提出した際に、同条約を満たすものとして、早急に批准したいとの意図を表明しました。国会審議の中で、使用者側のみによる業者間協定方式は労使が平等に参与すべきことを定めた同条約に抵触するのではないかとの指摘がなされましたが、労使が平等に参加する最低賃金審議会の審議を経るから問題はないと答弁していたのです。しかし、労働側や野党から抵触するとの意見が強く示され、ＩＬＯ事務局からも解釈は示されず、批准できないまま推移した挙げ句、一九六六年二月国会で労働大臣が「最低賃金法がＩＬＯ第二六号条約に適合するよう速やかに諮問する」と答弁するに至りました。

これより先一九六五年八月、労働省は中央最低賃金審議会に将来の最低賃金制の在り方について諮問しており、一九六六年二月には右の答弁を踏まえて「最低賃金法がＩＬＯ第二六号条約に適合するよう答申いただきたい」と要望しています。審議会では全国一律方式を主張する総評がボイコット戦術を採りましたが、同盟は一歩前進を目指し、結局一九六七年五月一五日に中間答申が出されました。そこでは業者間協定が最低賃金普及に大きな機能を果たしてきたことを評価するとともに、今後より効果的な最低賃金制に進むためにはこれを廃止することが適当だとしています。これに基づく改正最低賃金法は一九六八年五月一七日に成立し、同年九月一日から施行されました。これによりILO第二六号条約との関係で問題となっていた業者間協定方式は廃止され、労働大臣又は都道府県労働基準局長が必要と認めるときには審議会方式により最低賃金を決定できることとなりました。

今日では、業者間協定は最低賃金の黒歴史《くろれきし》としてのみ記憶されているでしょう。しかしこの制度は、ある地域のある業界の経営者団体を、自分たちの雇う労働者の最低賃金を決めさせるという土俵に引っ張り出して、責任を持たせていたということもできます。当時の労働組合は全国一律最低賃金を唱えるばかりで、自分たちの力である地域やある業種の最低賃金を協定の形で勝ち取る力量などほとんどありませんでした。後述するように、当時地域別最低賃金にすら反対し、業者間協定方式に固執していた経営側は、七〇年代前半に全都道府県で地域別最低賃金ができてしまったら、今度は産業別最低賃金など不要だと言い出しました。それをかいくぐって、一九八六年には新産業別最低賃金、二〇〇七年には特定最低賃金としてなんとか生き延びさせてきたのです。企業別組合の枠を超えられない日本の労働組合には、自分たちで産業別最低賃金を作り出す力量が乏しいということを立証しています。

今になって考えれば、当時あれだけ「ニセ最賃」と罵倒していた業者間協定をうまく使って、それに関係労組をうまく載っける形でのソフトランディングはありえなかったのだろうか、という思いもします。業界団体という土俵はあったのです。企業を超えた賃金設定システムという生まれつつあった土俵を叩き潰して、もはやその夢のあとすら残っていません。改めて業者間協定という黒歴史を、偏見なしに考え直してみるべきかも知れません。

第2章　最低賃金制の展開

1　目安制度による地域別最低賃金制

一九六八年法の施行後も、使用者側が地域包括最低賃金には強く反対していたため、行政は業者間協定方式の最低賃金を審議会方式に包摂する形で移行を進めましたが、その際適用業種の範囲を拡大したり、各都道府県単位に拡大したりするなどにより、大括《くく》りの産業別最低賃金を設定するやり方で進めました。

一方、その後も中央最低賃金審議会は最低賃金制の在り方について審議を行い、一九七〇年九月八日に、未だ適用を受けていない労働者についても適切な最低賃金が設定され、全国全産業の労働者があまねくその適用を受ける状態が実現されることを求めるとともに、全国全産業一律制は現状では実効性を期しがたいとする答申を提出しました。これにより、長年の最低賃金制をめぐる議論に一応の終止符が打たれ、一九七一年四月二九日にはＩＬＯ第二六号条約とこれを補足する第一三一号条約が批准されました。

　これに基づき、労働省は最低賃金の年次推進計画を策定し、一九七五年度までに全産業の全労働者に最低賃金の適用を図るべく、これまでほとんど取り上げられてこなかった地域別の最低賃金設定方式を活用することとし、一九七六年一月には四七都道府県すべてで地域別最低賃金が決定されるに至りました。ちなみにこの間、日経連が「産業別、職業別最賃を優先して促進するよう一貫した態度を堅持」し、「実態から遊離し、いたずらに範囲拡大のみを主眼とする運営（地域包括的最賃などの強行）には絶対に反対」を叫んでいたことは記憶に値します。

　一方労働組合側は一九七四年の国民春闘の制度要求の一つとして全国一律最低賃金制を掲げ、一九七五年三月二五日には野党四党共同提案の最低賃金法案として国会に提出されました。同法案は「中央最低賃金委員会は、全国を通じすべての労働者に対し一律に適用される最低賃金を決定するものとする」とした上で、その適用が不適当な場合には地域的最低賃金を、また労働協約に基づく産業別又は職業別の最低賃金についても規定していました。

　こうした労働組合や野党の動きを受けて、政府は一九七五年五月三〇日、中央最低賃金審議会に対し、全国一律最低賃金制の問題も含め、今後の最低賃金の在り方について諮問を行いました。ちょうど第Ⅱ部で見た石油危機後のインフレ下で春闘が経済整合性論に大きく転換した時期です。諮問文の中でも「全国一律最低賃金制に対する労働四団体の要求、四野党の法案提出が重要な契機になったところであるので、全国一律最低賃金制を取り入れるに当っての諸問題を含め」云々と明記してあります。同審議会は公労使四名ずつの小委員会を設けて議論し、一九七六年三月に中間報告、一九七七年三月二九日に現段階の結論、同年九月二八日に最終報告をとりまとめ、同年一二月一五日に審議会の答申に至りました。

労働側が、全国的な最低賃金を中央最低賃金審議会で決定し、上積みの必要な地域については中央最低賃金審議会が基準を提案するか各ランクごとの上積み最低額を決定すべきだと主張したのに対して、使用者側は、地方最低賃金審議会の自主性を尊重すべきで、中央最低賃金審議会は援助助言にとどめるべきとの立場でした。この両者を妥協させた結論は、地方最低賃金審議会が審議決定するという仕組みは維持しつつ、その決定の前提となる基本的事項は中央最低賃金審議会が考え方を整理して地方最低賃金審議会に提示するとともに、最低賃金額の改定についてはできるだけ全国的に整合性のある決定が行われるよう、中央最低賃金審議会が四七都道府県を数ランクに分けて日安を作成して地方最低賃金審議会に提示するというものでした。どちらかといえば、使用者側が名を、労働側が実をとった感じです。

この日安制度は一九七八年度から実施され、中央最低賃金審議会では第一小委員会で日安額、第二小委員会で表示単位について審議が行われ、同年七月二七日の答申では表13のような日安額が示されました。なお、「表示単位は従来通り日額を基本とし、賃金の大部分が時間によっ

表13 昭和53年度地域別最低賃金額改定の目安

ランク	日額
A	155
B	150
C	145
D	140

て定められている者について適用する時間額を合わせて表示するものとする」としています。

これにより、以後地域別最低賃金の改定のパターンが定着してきました。すなわち、労働大臣から中央最低賃金審議会に対し、春季賃金交渉の結果が固まってくる毎年五月中旬にその年の地域別最低賃金改定の目安を諮問し、同審議会の目安に関する小委員会が数回会議を開いて、七月下旬に答申を行います。この答申は直ちに各地方最低賃金審議会に提示され、各地方最低賃金審議会はこの答申を参考にしつつ審議を行い、八月から九月にかけて答申を行い、九月から一〇月に発効するという形です。制度として安定した形になっているといえましょう。

2 最低賃金の日額表示と時間額表示

全都道府県に地域別最低賃金が設定された一九七五年度以降の地域別最低賃金額の推移を表14に示します。二〇〇一年度までは日額表示がありましたが、二〇〇二年度から時間額表示一本になったため、ここでは二〇〇一年度までを示しておきましょう。最高値の欄はほとんど東京都ですが、初期には大阪府のほうが若干高かったことがあります。最低値の欄は、近年はほぼ沖縄県ですが、初期には東北諸県や九州諸県のこともありました。上記一九七八年の改定目安により、最高の大阪府は二四八一円+一五五円で二六三六円になり、最低の宮崎県は二〇八六円+一四〇円で二二二六円になっています。

さて、ではなぜ二〇〇二年度から日給表示が消えてしまったのでしょうか。これは、二〇〇〇年一二月一五日の中央最低賃金審議会目安制度のあり方に関する全員協議会報告で打ち出されたものなのです。ただ、その考え方は既に一九八一年七月二九日の中央最低賃金審議会答申「最低賃金額の決定の前提となる基本的事項に関する考え方について」において示されていました。すなわち、そこでは「表示単位としては、賃金支払形態、所定労働時間などの異なる労働者についての最低賃金適用上の公平の点から、将来の方向としては時間額のみの表示が望ましいが、当面は、現行の日額、時間額併設方式を継続する」とされていました。それから約二〇年経って、日給表示をやめてしまう際には、次のようにやや詳しくその理由が説明されています。

表14 **地域別最低賃金(日額、時間額)の推移** (1975〜2001年度、円)

年度	日額表示			時間額表示		
	最高値	全国加重平均	最低値	最高値	全国加重平均	最低値
1975	2064		1650	260		205
1976	2264		1900	310		237.5
1977	2481		2086	345		261
1978	2636		2226	365		279
1979	2796		2372	382		297
1980	2991		2541	405		318
1981	3182		2707	422		339
1982	3352		2858	442		358
1983	3458		2951	452		369
1984	3564	3357	3044	463	423	381
1985	3691	3478	3155	477	438	395
1986	3801	3583	3251	488	451	407
1987	3884	3666	3323	497	461	416
1988	4000	3776	3424	508	474	428
1989	4160	3928	3564	525	492	446
1990	4357	4117	3738	548	516	468
1991	4570	4319	3923	575	541	491
1992	4762	4501	4090	601	565	512
1993	4910	4644	4220	620	583	528
1994	5028	4757	4322	634	597	541
1995	5144	4866	4424	650	611	554
1996	5252	4965	4521	664	623	566
1997	5368	5075	4625	679	637	579
1998	5465	5167	4713	692	649	590
1999	5514	5213	4757	698	654	595
2000	5559	5256	4795	703	659	600
2001	5597	5292	4829	708	664	604

…しかしながら、昭和五六年から約二〇年を経過した今日、就業形態の多様化は更に進展しており、パートタイム労働者の比率は、昭和五六年の一〇・二%から平成一一年には二一・八%と倍加するなど、賃金支払形態が時間給である者は増加し、また、一日の所定労働時間の異なる労働者が増え、そのばらつきは増加傾向にある。さらに、実際に最低賃金の影響を受ける労働者の就業実態をみると、主に賃金支払形態が時間給のパートタイム労働者が多くなっている状況にある。

したがって、このような経済社会情勢の変化の方向性を見据え、最低賃金運用上の公平の観点及び実情を踏まえれば、表示単位期間については、現行の日額・時間額併用方式から時間額単独方式へ一本化することが適当である。

最低賃金法制定の歴史をたどると、初めは中卒労働者の初任給の規制を念頭に置いたものでした。つまり正規労働者層の最低限を下支えするものという位置づけであったわけです。ところが、次第にパート、アルバイトなどの時間給による非正規労働者が拡大してくるとともに、正規労働者の初任給は最低賃金よりも遥かに上方に位置するようになり、最低賃金によって直接左右されるのは主として非正規労働者層のほうになり、その結果日給表示はあまり意味のないものとなっていき、時給表示のほうが適切だと意識されるようになってきたということでしよう。

3　新産業別最低賃金制

さて、もともと日本の最低賃金は業者間協定から始まったことでもわかるように産業別最低賃金であって、使用者側はそれが中心であるべきだと主張していたのに対して、労働側が全国全産業一律の最低賃金を求めるという対立構図だったのです。ところが、地域別最低賃金が全国全産業の労働者に及ぶようになって、逆に使用者側のほうから、地域別最低賃金よりも高水準の産業別最低賃金に対する疑問が呈されるようになってきました。見事に攻守所を変えてしまったわけです。

一九七八年から中央最低賃金審議会でこの問題の検討が開始され、全面廃止を主張する使用者側と存続強化を主張する労働側の対立の中で、一九八一年七月二九日に労働協約によるか労使のイニシアティブによる小くくりの産業についての新たな産業別最低賃金への移行を求める答申が出されました。後者は具体的には、同種の基幹的労働者の二分の一以上について最低賃金に関する労働協約が適用されている産業か、事業の公正競争を確保する観点から同種の基幹的労働者について最低賃金を設定する必要の認められる産業とされています。さらにその具体的運用方針について引き続き審議が行われ、一九八二年一月一四日に答申に至りました。その後、旧産業別最低賃金の廃止と新産業別最低賃金への転換について審議が進められ、一九八六年二月一四日に答申が出され、これに基づき同年三月三一日に労働基準局長通達が発出されて、新制度が発足しました。これは、上記二種類の産業別最低賃金の申出要件として、労働協約ケースについては労働者の三分の一、公正競争ケースについては労働者又は使用者の三分の一という要件を課しています。この労働協約ケースは、最低賃金法上の労働協約方式では労働者及び使用者の「大部分」(実際には三分の二)をクリアできるものがほとんどないため、審議会方式の中に、より緩やかな要件で設けたものといえます。さらに同答申では、現行産業別最低賃金(一九六八年改正後、行政主導で大くくりで設定されてきたもの)を新産業別最低賃金に転換するための経過措置として、労働者又は使用者の三分の一以上の合意による申出があればよいとしました。これにより、労働側はその後産別組織を中心に個人署名を集めて、なんとか新産業別最低賃金の設定にこぎ着けた業種が多かったようです。

この新産業別最低賃金制の考え方については、金子美雄中央最低賃金審議会会長が一九八六年四月一六日に全国最低賃金審議会会長会議で行った報告に明確に示されています。すなわち、労働組合組織率が三割を切り(当時)、全労働者の三分の二に近代的な賃金決定機構が欠けているという状況において、団体交渉の補完的制度や労働協約の拡張としての新たな産業別最低賃金制を設けていくという考え方です。いわば、企業別に比べて発達の遅れた産業別労使関係を育成支援していくための制度として位置づけられているのです。

…この三分の二のところには近代的な賃金決定の機構というものはないということが、日本の賃金決定制度の一つの特徴というべきであります。…何とかして、ここに新しい賃金決定機関を作らなければなりませんけれども、もし、先程言った産業別最低賃金、それが協約の拡張の、あるいは団体交渉の補完的な制度としてのそういう産業別最低賃金という形のものができて、それがだんだんと通常の団体交渉に発展していく、そういうあるいはいわゆる我々が考える今日的な最低賃金ではなくて標準的な賃金というものが決められていくというような形に発展できるかどうかを問題にすべきである。新産業別最低賃金というものは、そういう期待を込めたものであります。…

…それは、日本の労働組合の現状を考えますと、労働組合がだらしないという意味ではない。日本の労働組合は企業別組合であるという根本的な性格に基づくものであります。少し援助の手を差し伸べられなければ、我々が期待するような新しい賃金決定機関というものの成長は望めないのではないでしょうか。

戦中戦後と日本の賃金政策をリードしてきた金子美雄の最後の貢献がこの新産業別最低賃金であったわけですが、産業別労使関係の発展というその期待が花開くことはなく、産業別最低賃金制度はその後も経営側から繰り返し廃止が求められ続けることとなりました。

4 産業別最低賃金の廃止を求める総合規制改革会議

最低賃金法は二〇〇七年にかなり大きな改正がされますが、その基になったのは産業別最低賃金の廃止を求める規制改革要求でした。

総合規制改革会議は二〇〇三年一二月二二日の「規制改革の推進に関する第三次答申」で、「労働市場は産業別に形成されているわけでなく、都道府県単位とはいえ、産業別に異なる最低賃金を設定する意義は乏しいと考えられる。また、最低賃金の設定が必要な場合には、労使間の協約・協定で自主的にこれを定めればよいとも考えられる。こうした考え方にも留意し、産業別最低賃金制度については、その在り方を速やかに検討すべきである」と、その見直しを求めました。これはほぼそのまま二〇〇四年三月一九日閣議決定の「規制改革・民間開放推進三か年計画」に盛り込まれました。このように、総合規制改革会議は、解雇規制の緩和を求めるなど日本型雇用システムに批判的なスタンスをとる一方で、欧米的な産業別賃金決定に対しても極めて冷淡であり、そもそも企業別に閉ざされた日本の労働市場を産業別に構築すべきだなどという発想はこれっぽっちもなかったのです。戦時中に賃金統制を担当した金子美雄が欧米型の産業別賃金交渉の実現を希求していたことと比べてみると、表面上欧米志向に見える規制緩和論者が無意識裡に極めて日本的メンバーシップ感覚に満ち溢れていることがわかります。職務給化の延長線上に産業別労使関係の形成を展望していた『国民所得倍増計画』との落差が印象的です。閑話休題。

これを受けて、厚生労働省は、二〇〇四年九月二一日から最低賃金制度のあり方に関する研究会を開催し、①現在の最低賃金制が労働市場においてどのような機能を果たしているか、②セーフティーネットとしての最低賃金制のあり方について、③産業別最低賃金制のあり方を含む最低賃金制の体系のあり方の三点について検討を始め、同研究会は二〇〇五年三月三一日に報告書をとりまとめました。ここではまず、最低賃金制の第一義的な役割はすべての労働者を不当に低い賃金から保護する安全網を設定すること（一般的最低賃金）であり、公正な賃金の決定という役割はあくまでも第二義的、副次的なものであるとし、それゆえ地域別最低賃金については安全網としての役割を一層強化して、設定を義務づけることとする一方、産業別最低賃金については抜本的な見直しが必要としています。

具体的に、産業別最低賃金については、公正競争ケース（事業の公正競争を確保する観点から同種の基幹的労働者について最低賃金を設定することが必要であることを理由とする場合）については、その必要性がわかりにくく廃止せざるを得ないとする一方、労働協約ケース（一定の地域内の事業所の同種の基幹的労働者の二分の一以上について賃金の最低額に関する労働協約が適用されている場合）については、見直して存続するという意見と廃止すべきという意見が併記されています。これは、労使交渉、労使自治の補完、促進という役割を産業別最低賃金制に担わせることについての判断の違いを反映しています。また、労働協約拡張方式については、実効が上がっていないことから、廃止しても差し支えないとしています。

一方、報告書は安全網としての最低賃金の在り方について、決定基準として類似の労働者の賃金だけでなく様々な要素を今まで以上に総合的に勘案すべきであるとし、水準としても地域の一般的賃金水準や低賃金労働者の賃金水準との関係が地域的整合性を保ちつつ経年的にある程度安定的に推移するように、一定の見直しが必要としています。さらに生活保護との関係にも言及し、政策的に定められる生活保護の水準に直接リンクして決定することは必ずしも適当ではないとしつつも、最低生計費という観点やモラル・ハザードの観点、生活保護制度において自立支援が重視される傾向にあることから、単身者について少なくとも実質的に見て生活保護の水準を下回らないようにすることが必要であるとしています。

5　二〇〇七年改正最低賃金法

その後厚生労働省は二〇〇五年六月一六日から、労働政策審議会労働条件分科会最低賃金部会で、産業別最低賃金の見直し及び地域別最低賃金の水準等の見直しについて審議を開始しました。同部会では、特に産業別最低賃金の廃止をめぐって労使間で意見が対立しましたが、一一月一八日に公益委員から『今後の最低賃金制の在り方の骨子について』と題する試案が提示され、新たな方向性が出てきました。しかしながら使用者側が反対の姿勢を崩さず、翌二〇〇六年一月一九日に一旦審議は中断されました。

その後同年四月二六日に部会の審議が再開され、同年一二月二七日に答申が出されました。この答申は、まず地域別最低賃金の在り方について、国内の各地域ごとに、すべての労働者に適用される地域別最低賃金を決定しなければならないものとすること（必要的設定）を明記し、決定基準については、「地域における労働者の生計費及び賃金並びに通常の事業の賃金支払能力」に改めるものとするとともに、「地域における労働者の生計費」については、生活保護との整合性も考慮する必要があることを明確にするとしています。また、地域別最低賃金の実効性確保の観点から、地域別最低賃金違反に係る罰金額の上限を高くするなど罰則の強化も謳《うた》われています。

一方、産業別最低賃金の在り方については、「労働者又は使用者の全部又は一部を代表する者は、一定の事業又は職業について、厚生労働省令で定めるところにより、厚生労働大臣又は都道府県労働局長に対し、最低賃金の決定を申し出ることができ」、「厚生労働大臣又は都道府県労働局長は、上述の申出があった場合において必要があると認めるときは、最低賃金審議会の意見を聴いて、一定の事業又は職業について、最低賃金の決定をすることができる」と、基本的に産業別最低賃金を維持しつつも、「一定の事業又は職業について決定された最低賃金については、最低賃金法の罰則の適用はないものとする（民事効）」と、その法的効力を大きく変更しています。また、同法第一一条の労働協約拡張方式は廃止するとしています。

翌二〇〇七年一月二九日に最低賃金法改正案要綱が諮問、即日答申され、三月一三日に国会に提出されました。ここでは、産業別最低賃金が「特定最低賃金」という名称になっており、これには「最低賃金法の罰則の適用はない」と規定されていますが、逆にいうとほかの法律、たとえば労働基準法第二四条の罰則の適用はありえます。なぜなら、民事効はあるのですから、この特定最低賃金額が賃金額の定めとなり、その額を支払わないことは賃金の全額払いに違反し、三〇万円以下の罰金となります。地域別最低賃金の違反は五〇万円以下の罰金に引き上げられますから、それより若干低いのですが、実は民事効だけではないのです。狸に化かされたようですが、理屈はそうなります。

地域別最低賃金については、答申通り、必要的設定、設定基準（生計費、賃金及び通常の事業の賃金支払能力を考慮）、そして生計費について「生活保護に係る施策との整合性に配慮すること」が明記されました。この法改正は第Ⅰ部で見た二〇〇七年パートタイム労働法改正と並んで、第一次安倍政権の再チャレンジ対策の柱と位置づけられました。ところが、労働国会との触れ込みとは逆に社会保険庁の年金記録問題が噴出してまともに審議されず、継続審議となってしまい、二〇〇七年一一月二八日にようやく成立しました。

6　最低賃金の国政課題化

一方、二〇〇六年から二〇〇七年にかけては、それまでの構造改革への熱狂が醒め、格差社会問題が大きく取り上げられるに至り、その関連で最低賃金が国政の重要課題となるに至っていました。既に二〇〇六年から官邸に再チャレンジ推進会議が設置されていましたが、そこではまだ最低賃金への言及はありませんでした。しかし、二〇〇七年二月一六日の経済財政諮問会議で了承された『成長力底上げ戦略（基本構想）』では、人材能力戦略、就労支援戦略と並ぶ中小企業底上げ戦略の中において、「生産性向上と最低賃金引上げ」を政策目標として打ち出しました。そこでは、官民からなる成長力底上げ戦略推進円卓会議を設置し、「生産性の向上を踏まえた最低賃金の中長期的な引上げの方針について政労使の合意形成を図る」ことが明記されたのです。

この円卓会議で六月二〇日にまとめられた『中小企業の生産性向上と最低賃金の中長期的な引上げの基本方針について（円卓合意）』は、「働く人の格差の固定化を防止する観点から、中小企業等の生産性の向上と最低賃金の中長期的な引上げの基本方針について、今後継続的に議論を行い、各地域の議論を喚起しながら、年内を目途にとりまとめる」とした上で、「最低賃金法改正案については、上記の趣旨に鑑み、次期国会における速やかな成立が望まれる」と述べ、「中央最低賃金審議会においては、平成一九年度の最低賃金について、これまでの審議を尊重しつつ本円卓会議における議論を踏まえ、従来の考え方の単なる延長線上ではなく、雇用に及ぼす影響や中小零細企業の状況にも留意しながら、パートタイム労働者や派遣労働者を含めた働く人の『賃金の底上げ』を図る趣旨に沿った引上げが図られるよう十分審議されるように要望する」と、かなり踏み込んだ見解を示しました。

これを受けた中央最低賃金審議会においては、大臣の諮問文の中に「現下の最低賃金を取り巻く状況を踏まえ、成長力底上げ戦略推進円卓会議における賃金の底上げに関する議論にも配意した、貴会の調査審議を求める」という異例の文言が入りました。これに対し、使用者側委員から、初めから引上げありきの一方的な審議ではなく、冷静な議論、実態を踏まえた議論をすべき等の意見が出されましたが、結局八月一〇日に、例年よりもかなり高めの引上げ（Aランクで一九円、Bランクで一四円、Cランクで九ー一〇円、Dランクで六ー七円）で決着しました。なお、継続審議になっていた最低賃金法改正案は上述のように二〇〇七年一一月二八日に成立し、その施行は二〇〇八年七月ですから、二〇〇八年最低賃金からが改正法に基づく最賃決定になります。

その後、二〇〇八年のリーマンショック、二〇一一年の東日本大震災という逆風にもかかわらず、地域別最低賃金は毎年大幅に引き上げられていき、二〇一四年には生活保護との逆転現象も解消しました。しかし、二〇一七年三月の『働き方改革実行計画』でも、年率三％程度を目途に引き上げていき、全国加重平均一〇〇〇円を目指すという目標を掲げています。二〇二〇年はコロナ禍でほとんど引き上げられませんでしたが、その後二〇二一、二〇二二年と大幅な引上げが続き、二〇二三年には岸田首相の強い意を受けて全国加重平均が一〇〇四円となり、遂に一〇〇〇円を超えました。なお二〇二三年八月三一日には、岸田首相が新しい資本主義実現会議で、二〇三〇年代半ばまでに全国加重平均が一五〇〇円となることを目指すと発言しています。ここで、金額表示が時間額に一本化された二〇〇二年度から今日までの地域別最低賃金の推移を表15で確認しておきましょう。最高値はすべて東京都ですが、最低値は

表15 **地域別最低賃金（時間額）の推移**　（2002〜2023年度、円）

年度	最高値	全国加重平均	最低値
2002	708	664	604
2003	708	664	605
2004	710	665	606
2005	714	668	608
2006	719	673	610
2007	739	687	618
2008	766	703	627
2009	791	713	629
2010	821	730	642
2011	837	737	645
2012	850	749	653
2013	869	764	664
2014	888	780	677
2015	907	798	693
2016	932	823	714
2017	958	848	737
2018	985	874	762
2019	1013	901	790
2020	1013	902	792
2021	1041	930	820
2022	1072	961	853
2023	1113	1004	893

二〇二二年度までは沖縄県、二〇二三年度は岩手県です。

第3章　最低賃金類似の諸制度

1　一般職種別賃金と公契約法案

最低賃金とは異なり、公的機関が一方当事者となる公契約において公正な労働条件を確保し、低賃金を除去することを目的とするのが、一九四九年の第三二回ＩＬＯ総会で採択された公契約における労働条項に関する条約（第九四号）及び同勧告（第八四号）です。日本は本条約を批准していませんが、占領下でこれに類した制度を設け、また立法を試みたことがあります。

まず一般職種別賃金とは、ＧＨＱの指令により、一九四七年一二月一二日の政府に対する不正手段による支払請求の防止等に関する法律に基づき、国、ＧＨＱ、地方公共団体等のために工事等役務の提供をした者に支払う報酬の要素としての労務費を職種別に定めたもので、大工、左官から雑役まで都道府県ごとに最高額、標準額、最低額を大臣告示で定めました。その後何回かの改正の後、一九五〇年五月二〇日に同法が廃止され、ＧＨＱ関係政府直用労務者及び公共事業関係直用労務者についてのみ効力を残し、これらはそれぞれ一九五二年、一九六二年まで維持されました。

一九五〇年の上記法律を廃止する法律は、但書として上記二種の労務者については「国等を相手方とする契約における条項のうち、労働条件に係るものを定めることを目的とする法律が制定施行される日の前日まで、なお、その効力を有する」と規定しており、労働省はこれを受けて公契約法案を内部的に作成していました。

同法案によると、国及び公社公団等の注文を受けて対価が一定額以上の工事の完成、物の生産及び役務の提供を行う者との契約には、①労働基準法その他の労働関係法令の遵守、②役務等に使用する労働者に対し、当該労働者の職種及び就労地域について一般職種別賃金が定められている場合は、その額を下らない賃金を支払うこと、といった労働条項を含まなければならず、この一般職種別賃金は、その地域における同種の職業に従事する労働者に対し一般に支払われている賃金を基準として、労働大臣が定めます。

行政官庁は、役務等提供者が労働条項に違反して一般職種別賃金を下回る賃金を支払った場合には、当該契約に対する対価のうち、その未払賃金相当額の支払いを留保することができ、この場合労働者は国等に直接未払賃金相当額の支払いを請求することができます。さらに、役務等提供者が相当な理由なく労働条項のうち重要な事項に違反した場合には、労働大臣は閣議決定を経て国等の機関に対し当該契約の解除を請求することができます。これらに対する損害賠償請求はできません。なおもしばしば違反した場合にはその者の氏名名称を国等の機関に通知して、その後二年間はその者との契約の締結が禁止されます。これは、役務等が数次の契約によって行われる場合には各契約に適用され、下請人が労働条項に違反した場合には、元請との契約が解除されることになります。

このように、大変厳しい内容の法案であり、建設業界はじめ建設省や運輸省から批判が集まっただけでなく、労働法学者の松岡三郎までも憲法違反との批判を行い、結局閣議決定に至ることなくお蔵入りとなってしまいました。

2　公契約条例

二〇〇〇年代に入って、この公契約規制の考え方が蘇ってきました。全国の多くの自治体の議会で、公契約法や公契約条例に関する意見書が続々と採択され、こういった動きの先駆けとして、二〇〇九年九月に千葉県野田市で野田市公契約条例が採択されました。同条例が適用される労働者は、①受注者に雇用され、②下請負者に雇用され、③受注者又は下請負人に派遣されて、専ら当該公契約に係る業務に従事する者です。これら受注者、下請負者、派遣元は、市長が定める賃金以上の賃金を支払わなければなりません。条例上に金額は規定されず、工事・製造請負の業務については公共工事設計労務単価を、それ以外については野田市一般職職員の初任給を勘案して定めるとされています。受注者は下請負者や派遣元の違反に対して連帯責任を負います。報告と立入検査、是正措置の規定に加えて、一定の場合には公契約の解除が制裁として設けられています。

その後、各地の地方自治体で続々と公契約条例が制定されており、全国建設労働組合総連合（全建総連）によると二〇二四年一月現在で全国八六自治体で制定されているようです。ここでは、第一号である野田市公契約条例による最新の賃金最低額の一部を表16に示しておきます。

3　派遣労働者の労使協定方式における平均賃金

第I部で見た働き方改革による日本型同一労働同一賃金は、パートタイム・有期雇用労働者の基本給に関しては曖昧模糊たる記述に終始しており、どの程度の効果があるのか不明ですが、派遣労働者についてはその賃金の在り方を決定づけるような制度が導入されています。これは、派遣労働者の場合、派遣先によって均等・均衡を図るべき賃金が異なることから、労使協定方式による適用除外が認められたことに由来します。適用除外が認められる要件として、「派遣

表16　野田市公契約条例の規定による賃金等の令和6年度の最低額　（1時間当たり、円）

職種	最低額
特殊作業員	2933
普通作業員	2540
軽作業員	1785
造園工	2742
法面工	3167
とび工	3347
石工	3337
ブロック工	3092
電工	2922
鉄筋工	3337
鉄骨工	2880
塗装工	3305
溶接工	3379
特殊運転手	3029
一般運転手	2657

表17 **派遣労働者の労使協定方式における職種別平均賃金（時給換算）**（令和6年度用、円）

職種	基準値（0年）	基準値に能力・経験調整指数を乗じた値 1年	2年	3年	5年	10年	20年
管理的職業従事者	2972	3421	3751	3807	4009	4369	5442
研究者	1624	1869	2049	2080	2191	2387	2974
電気・電子・電気通信技術者	1424	1639	1797	1824	1921	2093	2607
機械技術者	1342	1545	1694	1719	1810	1973	2457
輸送用機器技術者	1143	1316	1442	1464	1542	1680	2093
金属技術者	1162	1337	1466	1489	1568	1708	2128
化学技術者	1410	1623	1779	1806	1902	2073	2582
建築技術者	1259	1449	1589	1613	1698	1851	2305
土木技術者	1367	1573	1725	1751	1844	2009	2503
測量技術者	1287	1481	1624	1649	1736	1892	2356
システムコンサルタント・設計者	1683	1937	2124	2156	2270	2474	3082
ソフトウェア作成者	1377	1585	1738	1764	1858	2024	2521
その他の情報処理・通信技術者	1500	1727	1893	1922	2024	2205	2747

ハローワーク別地域指数は、全国平均を100として、最高は新宿計の116.6、最低は五所川原計の79.1まで分布している。

労働者が従事する業務と同種の業務に従事する一般の労働者の平均的な賃金の額として厚生労働省令で定めるものと同等以上の賃金の額となるものであること」「派遣労働者の職務の内容、職務の成果、意欲、能力又は経験その他の就業の実態に関する事項の向上があった場合に賃金が改善されるものであること」があり、その具体的な基準が厚生労働省職業安定局長の通達によって示されているのです。

この通達は二〇一九年以来毎年発出されていますが、そこには、職業分類表の小分類のレベルで職種別の基準額が並んでいるだけでなく、能力・経験調整指数を掛けた額として、一年、二年、三年、五年、一〇年、二〇年勤続者の額も示され、さらにハローワーク単位で細かく設定された地域指数も掛けられるのです。職業と勤続年数と地域という三つの軸で詳細な基準賃金額が示され、いちいち派遣先に合わせるのでない限り、法遵守のためにはそれによらねばならないという、日本では空前絶後の仕組みができあがってしまっているのです。遥かいにしえの時代に存在した一般職種別賃金が、令和の時代になってこういう形で蘇ってくるとは、ほとんど誰も想定していなかったことでしょう。ここでは、その冒頭の一部だけ表17に紹介しておきます。

終　章　なぜ日本の賃金は上がらないのか

以上第Ⅰ部から第Ⅲ部まで、賃金の決め方、賃金の上げ方、賃金の支え方の三分野に分けて、日本の賃金の在り方について見てきました。本書の最後では、近年ホットな議論になってきている「なぜ日本の賃金は上がらないのか」という問題について、その根深い構造を考えていき、その解決の糸口として何が考えられるかを検討してみたいと思います。

1　上げなくても上がるから上げないので上がらない賃金

ここ数年来、日本の賃金が全然上がらないということが単なる労働問題を超えて、大きな政治課題として議論されるようになってきました。まずは、日本の賃金はどれくらい上がっていないのかをデータで見ておきましょう。図6は『令和4年版労働経済白書』に載っているグラフですが、読者もどこかで目にしたことがあると思います。

図6　G7各国の名目賃金の推移　（1991年＝100）

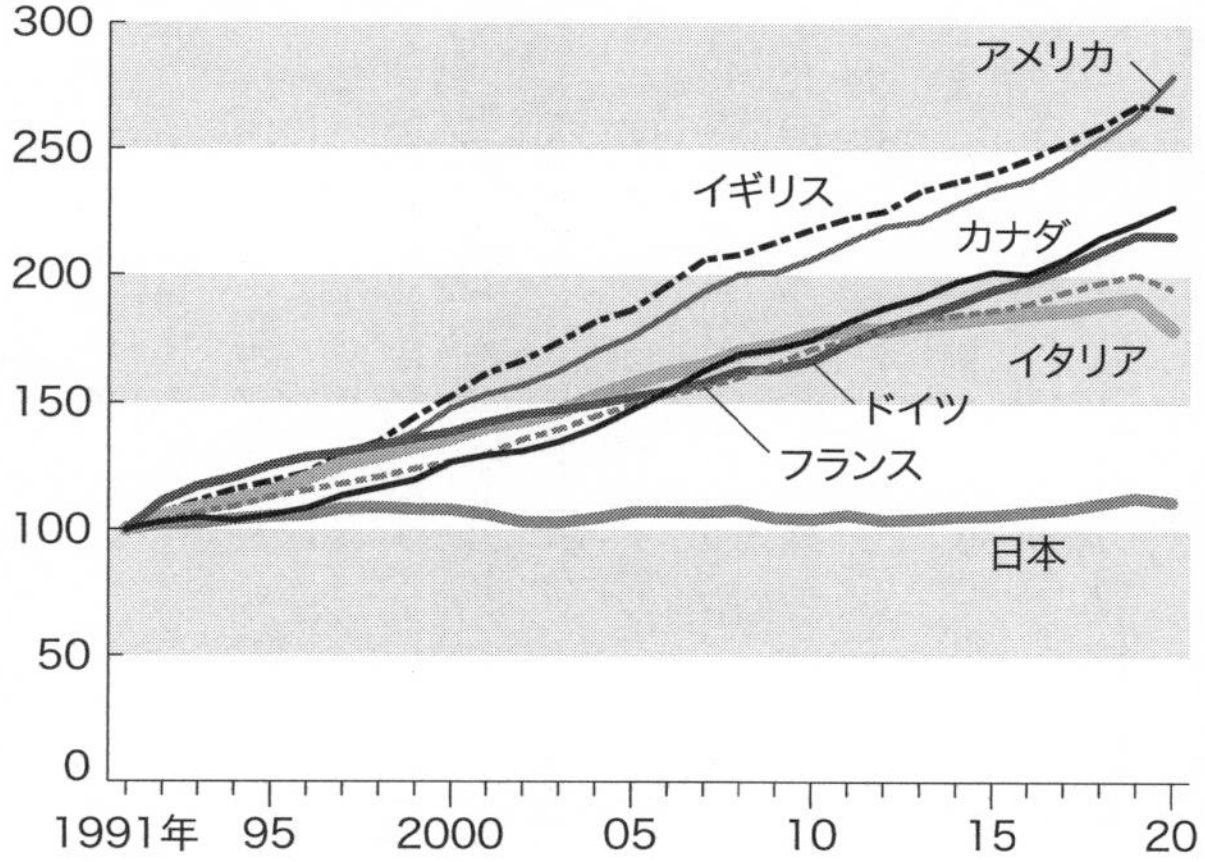

これを見ると、確かに他の先進諸国が多かれ少なかれ着実に賃金が上がっているのに、日本だけはほとんど上がらず低迷していることが一目瞭然です。

ところが一方、この三〇年間、皆さんの賃金は本当にこんな風に低迷してきているでしょうか。そういう人もいるでしょうが、本書の読者層の大部分を占めると思われる一般サラリーマンの多くは、必ずしもそうではなかったはずです。三〇年前の賃金と今の賃金がこのグラフのようにほとんど変わらないという人は少数派で、多くの人は「いやこのグラフの諸外国並みに上がってきているよ」と答えるのではないでしょうか。

実際、この三〇年間の春闘結果は、政府の発表でも日経連／経団連の発表でも連合の発表でも、ほぼ毎年二%程度ずつ賃金が上がってきていることになっています。毎年二%ずつ賃金が上がると、一〇年後、二〇年後、三〇年後にはどうなるでしょうか。ごく簡単な指数計算ですので、手元のスマホの計算機でもやってみてください。$(1.02)^{10}=1.22$、$(1.02)^{20}=1.49$、$(1.02)^{30}=1.81$。一〇年で二割増し、二〇年で五割増し、三〇年で八割増し。このグラフのイタリア程度にはなっているはずです。ところが現実にはそうなっていないのです。なぜなのか、本書をここまで読んでこられた方には、その仕掛けがよく理解できているでしょう。

そう、その毎年二%の賃金引上げというのは「定期昇給込み」の数字だからです。第Ⅱ部で見たように、この三〇年間というのは、賃金の上げ方という観点からすれば、「ベアゼロと定昇堅持の時代」でした。一人ひとりの労働者(正社員)からすれば、ベースアップはなくても毎年自分の賃金は上がっていくのですから、まあこれくらいで仕方がないな、と思えたのかも知れません。でも、その定期昇給というのは、労働者個人にとっては確かに自分の賃金額の引上げではあるのですが、それを全部足し上げたら、労働者全員の賃金は全然上がっていないのです。まさに七〇年前の一九五四年に関東経営者協会が述べたように、「個々の労働者はエスカレーターの各段階、即ち基準線の一定の所に位置し、年々職務遂行能力の上昇によって、段階を昇って行くが、最上段の労働者が企業外へ離職して行き、新たにその代りに最下段に新しい労働者が入り、エスカレーター全体いわば人件費総額は内転して常に一定である」のです。

労働組合の激しいベースアップ攻勢に苦しんでいた当時の経営者側が、何とかしようとひねり出したこの絶妙のアイディアは、しかしながらそれから四〇年間実現することはありませんでした。労働組合側は当然の権利としての定期昇給に加えて毎年高率のベースアップを要求し、実現させてきたからです。ベースアップとは、内転するエスカレーター自体をクレーン車でもってぐいっと上に引き上げるものです。これにより、日本の労働者の賃金は個人的に定期昇給するだけではなく、それ以上に毎年ベースアップにより全体として上昇していき、それらを全部足し上げたマクロ経済的な真水の賃上げ部分として、日本人の賃金水準自体を右肩上がりに引き上げてきたのです。

ところが一九九〇年代以降、「ベアゼロと定昇堅持の時代」に突入すると、このエスカレーターは空間上の同じ位置でただぐるぐると回るだけになってしまいました。エスカレーターに乗っている個々の労働者（正社員）の目には、自分の賃金が毎年上がっているように見えても、全体では全然上がっていないという、手品の仕掛けはまさにここにありました。

この事態をいささか風刺的に表現してみるとするならば、「上げなくても上がるから上げないので上がらない賃金」ということになるのではないでしょうか。

「上げなくても」：ベースアップという形で無理やりにでも賃金総額を引き上げるということをしなくても、

「上がるから」：定期昇給という形で毎年正社員一人ひとりの賃金は上がっていくものだから、

「上げないので」：わざわざ苦労してベースアップして賃金を引き上げるということをしなくなってしまったので、

「上がらない」：結果として日本人全体の賃金水準は全然上がらないままになってしまった、というわけです。


逆に、日本以外の諸国がなぜこの三〇年間着実に賃金が上がってきたかといえば、無理やりにでも賃金を引き上げてきたからです。序章で述べたように、ジョブ型社会では賃金は職務にくっついています。人にくっついてはいません。従って、職務を変えない限り、原則として賃金は上がりません。日本のような定期昇給という仕組みはないのです。ほうっておいても賃金が上がる日本とは対照的に、ほうっておいたらいつまで経っても賃金は上がらないのがジョブ型社会です。そこで、職務に貼りつけられた値札をみんなで一斉に書き換える運動をせざるを得なくなるのです。それがジョブ型社会の団体交渉であり、その結果の改定価格表が労働協約ということになります。この事態をやはりいささか風刺的に表現してみると、「上げなければ上がらないから上げるので上がる賃金」ということになりましょう。


「上げなければ」：団体交渉による値札の書き換えをしなければ、

「上がらないから」：職務に貼りつけられた値札の額はいつまで経っても上がらないから、

「上げるので」：みんなで団結して団体交渉をして無理やりにでも値札を書き換えるので、

「上がる」：結果として一国全体の賃金水準が上がっていった、

というわけです。

「上げる」という他動詞と「上がる」という自動詞の間には暗くて深い川が流れているようです。

2　ベースアップに代わる個別賃金要求

周知のようにここ数年来、官製春闘といわれるような政府のてこ入れの下で、ベースアップが復活しつつあります。とはいえ、このままかつてのように毎年定期昇給を上回るベースアップが繰り返されるようになれば、それで万々歳というわけにはいきません。二〇二四年春闘でも見られたように、政府の強い賃上げ要求に逆らえずに、労働組合側の要求を超える高額の回答を企業側がするなどという事態は、利害の対立する二者間での交渉でものごとを決めていこうという労使関係の基本枠組みに反するものだからです。

なぜそんなことになるのかといえば、定期昇給という形でほうっておいても個人の賃金が上がっていくからということに加えて、ベースアップという賃上げ方式そのものに潜む企業別組合にとっての困難性があるからです。第Ⅱ部で歴史的な経緯を詳しく述べたように、ベースアップ概念の基になった賃金ベースとは賃金を上げないための概念でした。その賃金抑制のための概念を逆手にとって、賃金ベース打破＝ベースアップを要求するというスタイルが四〇年にわたって続いたのですが、その根っこには企業単位の支払能力という枠が厳然として存在します。戦後期の急進的で対立的な労働運動ならともかく、高度成長期以後の穏健で労使協調的な労働組合には、企業経営を圧迫する人件費そのものの膨張を要求することはそもそも困難なのです。第二次安倍政権、岸田政権と、過去一〇年の賃金引上げが官邸主導による官製春闘とならざるを得なかったのも、ベースアップという日本独特の賃上げ方式の本質に根ざすものであったというべきでしょう。

では今後の賃上げはどういう方向に向かうべきなのか。企業単位の支払能力という枠とは無関係に、「この労働者にはこれだけの賃金を支払え」という形で要求を組み立てることを、個別賃金要求といいます。実は戦後日本の賃金闘争の歴史は、ベースアップを主旋律としながらも、常にそれに代わるものとして個別賃金要求が提起され続けた歴史でもあります。労働者一人ひとりにとっては平均額でしかない企業全体の人件費の増加分をベースアップとして要求するのではなく、個々の労働者の銘柄ごとに、彼はいくら、彼女はいくらと具体的な賃金額を決めて要求していくというスタイルです。問題は、その「銘柄」です。

実は今日の春闘でも、圧倒的多数の平均賃金方式と並んで少数の組合による個別賃金方式の要求とそれへの回答が行われています。連合の回答集計では、次の三種類に分けて引上げ額と引上げ率を公表しています。

①A方式：特定した労働者（たとえば勤続一七年・年齢三五歳生産技能職、勤続一二年・年齢三〇歳事務技術職）の前年度の水準に対して、新年度該当する労働者の賃金をいくら引き上げるか交渉する方式。この部分を連合は「純ベア」と定義した。
②B方式：特定する労働者（たとえば新年度勤続一七年・年齢三五歳生産技能職）の前年度の賃金に対し、新年度（勤続と年齢がそれぞれ一年増加）いくら引き上げるかを交渉する方式。
③C方式：個別銘柄で、引き上げ後の水準をいくらにするかを要求する方式。

ジョブ型雇用社会であれば、銘柄とは職務それ自体以外にはありません。各職務とそれぞれごとに定義された熟練度が銘柄であり、それに値札がついているというのが雇用社会の基本だからです。ところが、その値札のつくべき職務というものがほとんど存在していないのが日本なのです。職務概念の欠落した「銘柄」とは何か。それは結局、勤続年数や年齢といったものに落ち着くしかありませんでした。つまり、日本的な個別賃金要求は、年功賃金制をより強化する方向にしか向かいようがなかったのです。それは既に七〇年以上昔に全自日産分会が試みていたことでした。

では、そういう勤続年数や年齢ではなく、職務に基づいた個別賃金要求を日本で展開していく見込みはあるのでしょうか。欧米のジョブ型社会ではごく普通の常識として行われていることですが、現実の日本ではこれほど難しいことはほかにないのではないかと思われるくらい困難な課題だといわなければなりません。賃金の上げ方は賃金の決め方の上に成り立つものです。属人的、年功的な所属給である日本の賃金の決め方の上には、それと密接不可分な仕組みとしてのベースアップと定期昇給という賃金の上げ方／上がり方が乗っていて、上部構造だけを取り替えるというわけにはいかないからです。

それなら、賃金の下部構造を職務給に取り替えればいいではないか、ちょうど都合のいいことに、岸田政権は新しい資本主義という旗印の下で、賃金の決め方（賃金制度）を職務給の方向に向かわせようとしていることだし、と思った方もいるでしょう。しかし、首相が職務給を唱道すれば世の中がそちらの方に向かっていくのであれば、六〇年前の池田首相の時代にそうなっていたはずです。そうはならなかったのです。むしろそれとは全く逆の方向に進んでいき、干支《えと》が一巡した頃になって岸田首相が全く同じ台詞を口にしているというのが現実なのです。

少なくとも、現在数多くの人事労務コンサルタントが、時流に乗った形で各企業に必死に売り込もうとしているハイエンドなホワイトカラー向けの職務給の数々をいかに並べ立てたところで、それがジョブ型社会の団体交渉のようなジョブの値札の一斉書き換え運動につながっていく見込みはほとんどないと考えたほうがいいでしょう。

3　特定最低賃金、公契約条例、派遣労使協定方式の可能性

と、これで終わりにしてしまったら、いくらなんでも希望がなさすぎるのではないかと、読者から抗議が来そうです。もちろん、空っぽの箱をいかにもたいそうなものであるかのように舌先三寸で売り歩く行商人のような真似をする気はないのですが、職種別の賃金設定システムをある程度世の中に拡げていく手がかりとして、現に存在するいくつかの制度を検討してみたいと思います。

まずは、半世紀以上にわたって経営側や規制改革サイドから無駄だから廃止せよと責め立てられながら、それをかいくぐって何とか生き延びてきた産業別最低賃金、現在の特定最低賃金です。二〇〇七年以後二〇年近くにわたる地域別最低賃金の大幅な引上げの煽りで、東京都をはじめとして特定最低賃金が地域別最低賃金に追い越され、無意味なものになってしまうという状況が広がっています。四〇年近く前に金子美雄が語った産業別最低賃金の意義は、当時か

らさらに組織率が下落（二〇二三年に一六・三％）する中で一層高まっています。しかしそれを実現する労働組合の力はさらに低下する一方です。では明るい展望はないのでしょうか。

二〇二〇年から二〇二二年まで世界中を襲ったコロナ禍で改めて注目されたのは、私たちの日常生活を維持するための枢要な業務を担いながら低賃金や低い労働条件の下にある労働者たち、いわゆるエッセンシャルワーカーでした。その範囲は論者によって様々ですが、医療、介護福祉、保育、教育、自治体・公共交通機関などの公共サービス、ガス・水道・電気・通信など生活インフラ、物流、生活用品を扱うスーパーやドラッグストア、コンビニなどの小売業などが挙げられます。こうした特定の労働者層にターゲットを絞った賃金の底上げのためには、せっかく制度として維持された特定最低賃金を活用することが考えられてもよいのではないでしょうか。

実は二〇一八年に日本医療労働組合連合会（日本医労連）が、看護師と介護職員にかかる特定最低賃金の申出を行っています。これは、同年七月二六日の中央最低賃金審議会にかけられ、申出者数が看護師で全体の九・五％、介護職員で全体の〇・八％に過ぎず、三分の一以上の合意の要件を満たしていないとして諮問の対象外とされています。現行制度を前提とすればその通りですが、一方で医療介護行政において、看護師や介護職員の処遇改善加算が行われてきていることを考えると、マクロ社会政策的な発想による対応があってもよいように思われます。

一方、全建総連が力を入れて進めてきた全国地方自治体による公契約条例の制定は、二〇二四年一月現在で全国八六自治体に及んでいます。現在のところ、全建総連主導であることもあり、建設業を中心とするいわゆるガテン系の職種が主になっていますが、今後より広い職種に広げていく可能性もあるように思われます。これについては、アメリカをはじめとした欧米諸国における様々な試みが近年紹介されているので、参考にされるべきでしょう。

最後に、派遣労働者の同一労働同一賃金における労使協定方式があります。前述のように、これは労使協定方式と銘打っていますが、実際には派遣会社が派遣先との均等待遇という面倒くさいことをやらずに済むための便法として、厚生労働省の通達に詳細に規定されている職種別、経験年数別、地域別の平均賃金額の数字を、そのまま過半数代表者との労使協定という形にして運用しているものです。しかし、労使協定で定めるべき賃金額は、「厚生労働省令で定めるものと同等以上の賃金額となるもの」（労働者派遣法第三〇条の四第一項第二号イ）とされているので、派遣労働者の過半数を組織する労働組合がそれを超える賃金額を協定してもいいのです。というか、筋からいえばそちらが本来の姿です。これまで（UAゼンセンの人材サービスゼネラルユニオンを除いて）ほとんど組織化もされてこなかった領域ではありますが、労働組合自らの力によって、派遣労働者の職種別賃金を作り出していくための土俵はしつらえられているのです。

おわりに

本文で述べたように、岸田首相は二〇二三年八月三一日、新しい資本主義実現会議で、最低賃金の全国加重平均が、二〇三〇年代半ばまでに一五〇〇円となることを目指すと発言しました。その直後の九月四日、わたしは労働組合ナショナルセンターの連合に呼ばれて、二〇二二年一〇月一九日に成立していたEUの最低賃金指令についてお話をしました。連合幹部の問題意識は法定最低賃金を決定する際の基準にあったようですが、わたしが力説したのは別のことでした。

連合が聞きたかった法定最低賃金の決定基準には、その十分性の基準として賃金の総中央値の六〇％、賃金の総平均値の五〇％といった具体的な数値が含まれており（指令第五条第四項）、連合としては今後それを打ち出していこうと考えていたようです。しかしこのEU指令には、法定最低賃金の基準についての細かな規定の前に、第四条として「賃金決定に関する団体交渉の促進」という規定が置かれています。わたしが連合にしっかり認識してほしかったのは、むしろこちらでした。

同条は、とりわけ産業別又は産業横断レベルにおいて賃金決定に関する団体交渉を促進することを求めた上で、その第二項で「団体交渉の適用率が八〇%未満である各加盟国は、労使団体に協議した後に法により又は労使団体との合意により、団体交渉の条件を容易にする枠組みを導入するものとする。これら加盟国はまた団体交渉を促進する行動計画を策定するものとする。…行動計画は、労使団体の自治を最大限に尊重しつつ、団体交渉の適用率を段階的に引き上げる明確な日程表と具体的な措置を規定するものとする。…」と、団体交渉の適用拡大に向けた行動計画の策定を求めているのです。

最低賃金指令の中になぜこんな規定が入り込んできたのかというと、スウェーデンやデンマークといった北欧諸国がEUレベルで最低賃金指令を設けることに猛反発したからです。猛反発したのは北欧諸国の労働組合です。北欧諸国には法定最低賃金などというものはありません。組織率八〇%を超える労働組合が自らの力で賃金を支えているからです。賃金の上げ方（団体交渉）と賃金の支え方（最低賃金）は別物ではなく一体のものとして存在しているのです。彼らにとっては、国家権力の力を借りなければ賃金を支えられないなどというのは労働組合としては恥ずかしいことなのです。

その気概を示したのが、イーロン・マスク率いるテスラ社のスウェーデン工場で二〇二三年一一月、金属労組IFメタルが労働協約締結を拒否する同社に対して行ったストライキに、港湾労働者や郵便労働者などが同情スト（テスラ車だけ荷下ろし拒否、テスラ車のナンバープレートだけ配達拒否など）で協力したことです。この争議はまだ続いていますが、公共性とは国家権力への依存ではなく、産業横断的な連帯にあるという北欧労働者の心意気が示された事件です。

もちろんこんなことができるのは組織率の高い北欧諸国くらいであって、近年組織率が急減してきたドイツも、二〇一四年の協約自治強化法によって、それまでなかった法定最低賃金の導入に踏み切っています。EUで最低賃金指令が作られたのもヨーロッパ全体で労働組合の力が弱まってきているからでしょう。しかし、それは本来あるべき姿ではなく、賃金は労使間の団体交渉で決められるべきものだという理念を、わざわざ最低賃金指令の冒頭に書き込むことによって、その本来あるべき力量を維持している北欧諸国の労働組合の反発をなだめようとした、というのが、この規定が盛り込まれた経緯なのです。

産業横断的な連帯どころか、企業を超えた産業別の連帯すら極めて希薄な日本では、直ちにその真似をできるはずもありませんが、とはいえ政府主導の法定最低賃金引上げを囃し立てるだけではなく、労働協約によって賃金を支えていくという考え方に立って、たとえば産業別・職業別の特定最低賃金をもっと容易に導入できるような制度改正を提起していくことも考えていいのではないでしょうか。かつて金子美雄が産業別労使関係の発展を期待したこの制度に、改めて息を吹き込むことが求められているように思います。

賃金の世界は複雑怪奇な仕組みが縦横に入り組んでいて、うかつに議論を始めると大抵錯綜の極みに至ります。本書は、岸田政権が掲げる職務給の導入、構造的な賃上げ、最低賃金の引上げといった賃金政策について、その歴史的経緯を戦前戦中に遡って詳しく解説することによって、今日のもつれた議論を解きほぐし、議論の見通しをよくしようという意図で書き綴ってきました。ちっぽけな本ですが、賃金に関わる人々、賃金に関心を持つ人々の何かの役に立てば幸いです。

二〇二四年六月

濱口桂一郎

濱口桂一郎　はまぐち・けいいちろう
1958年大阪府生まれ。労働政策研究・研修機構労働政策研究所長。東京大学法学部卒業。労働省、欧州連合日本政府代表部一等書記官、衆議院調査局厚生労働調査室次席調査員、東京大学客員教授、政策研究大学院大学教授を経て、現職。著書に『新しい労働社会　雇用システムの再構築へ』『ジョブ型雇用社会とは何か　正社員体制の矛盾と転機』(ともに岩波新書)、『若者と労働　「入社」の仕組みから解きほぐす』(中公新書ラクレ)、『日本の雇用と中高年』(ちくま新書)など多数。

朝日新書
963

賃《ちん》金《ぎん》とは何《なに》か

職務給の蹉跌と所属給の呪縛

2024年7月30日第1刷発行

著　者　濱口桂一郎

発行者　宇都宮健太朗
カバーデザイン　アンスガー・フォルマー　田嶋佳子
印刷所　TOPPANクロレ株式会社
発行所　朝日新聞出版
〒104-8011　東京都中央区築地5-3-2
電話　03-5541-8832(編集)
　　　03-5540-7793(販売)

Published in Japan by Asahi Shimbun Publications Inc.
ISBN 978-4-02-295274-5
定価はカバーに表示してあります。

落丁・乱丁の場合は弊社業務部(電話03-5540-7800)へご連絡ください。
送料弊社負担にてお取り替えいたします。